中小企業・個人事業者の
創業・事業資金調達！

日本政策金融公庫の融資活用ガイド

さむらい行政書士法人 著

セルバ出版

はじめに

私たちは融資の専門家として日々、融資にまつわるご相談にのらせていただいています。

その中で多くの経営者の方が融資について知識を得る場が少ないということを実感しています。

小さな会社の社長さんや個人で事業を営む方は経営者とはいっても、いつもは実務を率先して行っていて、お金のことについてあまり詳しくないという方がほとんどです。

そうした社長さんたちは融資を受けたいと思ったとき、身近なお金の専門家である税理士さんに融資の相談をされることが多いようです。

ですが、税理士さんは税の専門家であって融資の専門家ではありません。そのため税理士さんに聞いてもよくわからないということがあり、どこから融資についての情報を得ればよいかわからないと困ってしまうのです。

そうした経営者の方のために、私たちは日本政策金融公庫からの融資について最低限知っておくべき知識をできるだけわかりやすくお伝えして、経営者の皆様の事業を応援したいと思っています。

本書が皆さまのビジネスの成長の一助となることができれば嬉しいです。

２０２１年２月

さむらい行政書士法人

中小企業・個人事業者の創業・事業資金調達！
日本政策金融公庫の融資活用ガイド　目次

第2章 日本政策金融公庫で受けることのできる融資

第3章 融資の流れとスケジュール

第4章 審査のポイント

第5章 提出書類の書き方

第6章　借り入れ後の疑問を解決！

プロローグ

借金は悪なのか

融資は悪ではない

本書を手にしていただいた方の中には初めて借り入れを検討している、という方も多いのではないでしょうか。

そうした社長さんにとっての最も大きな不安は、本当に借り入れをしていいのだろうか、ということだと思います。

「融資」とはいっても、結局は借金です。これまで融資を受けたことがない方にとって、借金をするということはとてつもなく不安に感じられることだと思います。

借りたお金は返さなければいけません。従業員を雇っていれば従業員に給料を支払わなければなりませんし、経営者にだって家族がいるはずです。

借金（融資）のせいで周りの方に迷惑をかけたくない（そして自分も苦しみたくない）と思うのは自然のことだと思います。

そのため、漠然と「借金＝悪」と感じている方も多いのではないでしょうか。

ですが、「明確な目的のために」、「きちんと計画を立てて」、「適切なところから」お金を借りるのではあれば、融資は決して悪ではありません。

融資はチャンスになる

融資を検討している経営者の方の状況はさまざまです。開業資金の足しにしたいという方、ビジネスは上手くいっているけれど、一時的に現金が足りなくなったという方、今のビジネスは上手くいっているけれど別事業に乗り出すために資金が必要だという方。本当にさまざまな理由で融資を検討されていらっしゃいます。

ただ、どんな動機を持つ経営者の方も不安を持ちつつも皆さん前を向いています。倒産するために、不幸になるために、融資を受けようと思う人はいません。それは、融資を受けることはチャンスだからです。お金を借りることで一時的な倒産の危機を逃れたり、事業資金を得ることで飛躍的に事業拡大を図ったりすることも可能になります。

つまり、融資を有効に活用できる準備をして借りるのであれば融資は悪ではなく、むしろチャンスといえます。

融資を悪からチャンスに変える3つのポイント

ご自身の融資を悪ではなくチャンスに変えるためのポイントは3つあります。①明確な目的を持つこと、②返済の計画をたてること、③適切なところから借りること、の3つです。

これらのポイントを満たすことができないのであれば、融資を受けたとしても返済に苦しむことになるだけです。

まず1つ目は、「明確な目的を持つこと」です。当然、融資を受けたいと思ったのですから、お金が必要なのはわかります。ただし、漠然とお金が必要だというだけでは不十分です。何に使うためにお金が必要なのか、そしてそのためにはいくら必要なのか、を整理する必要があります。そのためには、今現在の会社の経営状況や財務状況を正確に把握する必要があります。つまり、明確な目的を持つこととは、これまでおよび現在の自社の分析をすることです。

2つ目のポイントは「返済の計画を立てること」です。つまり、どのように返済していくかの計画を立てることとです。これは、単に「月にいくらずつ返済していく」という計画を立てることではありません。「どのようにしてお金を稼ぎ、その他の支払いにいくらかかるから、お金がこれだけ余る。だから月に○○円ずつ返済していくことが可能である」というように計画を立てることです。

最後のポイントは、「適切なところから借りる」ということです。適切なところ、とは、目的にあっていて、できるだけ条件がよく借りられるところ、です。極端に言えば、闇金でお金を借りることはおすすめできません。よい条件とは、必要な額をできるだけ低金利で借りられるということです。

そして、この3つのポイントをすべて自然にコンプリートできるのが「日本政策金融公庫」からの融資だと私は思っています。

第1章

日本政策金融公庫とは

1　日本政策金融公庫

100%政府出資で運用される金融機関

日本政策金融公庫とは、2008年10月に国民生活金融公庫、中小企業金融公庫などの4つの機関が統合され、新しくつくられた金融機関で、100%政府の出資によって運営されています。

主に中小企業や個人等の融資を行っていて、日本政策金融公庫は金融機関とはいっても、民間の銀行のようにお金を預けるようなことはできません（預金業務は取り扱っていません）。

なぜなら、日本政策金融公庫は民間の金融機関とは異なる目的を持っているからです。民間の金融機関はどうしても営利を優先せざるを得ず、実績がない等の理由で信用力が低い人または企業に融資をするという判断をすることが難しいのが現実です。

そこで、政府出資で運営されている日本政策金融公庫が一般の金融機関だけではカバーできないところを補完する役割を担い、小規模事業者や創業者等の信用が十分でない事業者等に対しても積極的に融資を行っています。

日本政策金融公庫は一般の金融機関ではカバーできないところを補完する役割を担うため、小規模事業者や創業者等の信用が足りないために民間の金融機関（銀行や信用金庫等）からはなかなか融資を受けることができない事業者等に対しての融資を積極的に行っています。

　そのため、これから開業する方や開業したばかりの方にとって最も利用しやすい資金調達の方法の1つといえます。

2　その他の資金調達方法

　日本政策金融公庫は、事業者等に融資を行う政府系の金融機関ですが、事業者が資金繰りをする方法は他にもあります。

　日本政策金融公庫のメリットを実感してもらうためにも、他の方法についても少し紹介します。

①信用保証協会を利用した融資

　信用保証協会も小規模事業者や創業者が資金調達をするための手段であり、小規模事業者や創業者にとっての強い味方として日本政策金融公庫とともに語られることの多い保証協会ですが、こちらは融資を行う金融機関ではありません。

　信用保証協会は民間の金融機関である信用金庫等から融資を受けやすくするための補助となる機関です。

信用保証協会は、信用金庫等が信用力の低い創業者等に融資を行う際に、その保証人となり、万が一返済ができなくなった場合に代わりに返済をするという約束をします。そうすることによって、民間の金融機関も多少返済能力に不安があったとしても融資に踏み切ることができるようになります。ただし、融資を受けた事業主が返済不能になり、信用保証協会が金融機関への返済を代わりに行った場合にも、返済しなくてよくなるわけではありませんので、今度は代わりに返済してくれた信用保証協会にその分のお金を返済していくことになります。

信用保証協会を使った融資には制度融資といって、都道府県と金融機関、そして信用保証協会の3つの機関がタッグを組んで創業者や小規模事業者等が融資を受けられるようにする制度があります。

この制度も創業時の資金調達等にとても有効です。

よく、日本政策金融公庫と制度融資はどっちがいいですか？という質問を受けることがありますが、同じく創業融資を受けようとする場合でも、それぞれにメリット・デメリットがあり、一概にどちらがよいと言い切ることはできません。該当する融資を探し、ご自身の状況、希望に合うかどうか、1つひとつ条件を確認する他ありません。

ですが、これまで融資を受けたことがないのであれば、日本政策金融公庫からの融資のほうが融資の仕組みも理解しやすく、ハードルは低いかもしれません。ただ、創業者等であれば、資金は余裕があればあるほどよいでしょうから、どちらにも申し込むというのもありです。創業融資を考えている方は、信用保証協会の利用も検討してみるとよいと思います。

②プロパー融資

プロパー融資とは、先ほどの信用保証協会の保証付きの融資に対して、事業を行う方が銀行から直接お金を借りることをいいます。

プロパー融資の場合、信用保証協会に保証料を支払う必要がなく、また制度として上限額もありませんので、大きい金額の融資も受けられます。ただ、プロパー融資の場合には、審査がとても厳しく、融資を受ける事業者の信用が確固たるものでなければ融資をしてもらうことは難しいです。

また、金融機関もよくわからない会社にお金を貸すのはリスクが大きいので、これまでに取引のなかった金融機関からプロパー融資を受けることはできないと思ってください。創業時に融資を受けたいと思ったときは、実績も証明できず倒産のリスクがあるため基本的に銀行からのプロパー融資は受けられませんので、信用保証協会の保証を付けて融資を申し込むことになります。

③オンラインレンディング

オンラインレンディングとはあまり聞きなれないかもしれませんが、ビックデータやＡＩを利用した融資のことです。

銀行や信用金庫等の金融機関のように人が審査をするわけではなく、財務状況やカード利用状況、場合によってはＳＮＳ等の情報等のビックデータから融資できるか否かを審査します。

この方法の場合、金利が高く、借りられる金額もそれほど大きくないので、長期で借りる場合にはあまりおすすめできませんが、金融機関からの融資に比べてスピーディーに資金調達できるので、突発的にすぐに少額のお金が必要になった場合には有効です。

④ファクタリング

ファクタリングは、売掛金（請求書）を買い取ってもらい、資金調達をする方法です。貸金業の許可も必要ないので悪徳業者が多く、金利も高いので注意が必要です。

⑤契約者貸付

これは、生命保険の解約返戻金を担保に借りる方法です。そのため、だれでも利用できる方法でなく、保険の契約者でなければ利用できません。

ですが、審査も速く、金利も安いです。また、信用情報に傷もつきません。そのため、創業融資を受けたい人がカードローンを抱えているような場合に、契約者貸付でカードローンを返済し、創業融資を借りるという方法をとることもあります。

⑥補助金、助成金

⑦その他

その他にも、少人数私募債（知人等の特定の人に社債を出してお金を出してもらう方法）やクラウドファンディング、親兄弟からお金を借りる等の方法もあります。

ただ、クラウドファンディングで十分な資金を集めるのは簡単なことではありません。

また、知り合いや家族にお金を工面してもらう方法もあまりおすすめできません。なぜなら、そういった手段は最後まで残しておくべきだからです。

日本政策金融公庫等から融資を受けられるのであれば、そうしたところからお金を借りておき、いつかどうしても困ったときのために最終手段として残しておくのが賢明です。

3　日本政策金融公庫から融資を受けるメリット

融資が受けやすい

この言葉を言うと、「融資審査が甘いの？」と誤解される方もいると思いますが、決してそういうわけではありません。

日本政策金融公庫の融資を受ける際にもしっかりと事業計画書などを提出し、面談もあり、融資審査もしっかり行われます。

申し込めば100％融資を受けられるという保証もありません。

ただ民間の金融機関は、やはり企業的な側面があるため、金融機関の利益にならない融資はしないのに対して、日本政策金融公庫は政府が100％出資している金融機関で、その目的も中小企業を支えることにあります。

そのため、資金繰りがピンチなときほど、民間の金融機関と比較して融資が受けやすいといえます。

特に創業期の積み上げてきた信用も実績もない事業者にとって、日本政策金融公庫の創業融資は数少ない資金調達手段の1つです。

また、事業が軌道に乗った後も事業拡大のために使える融資制度や、万が一経営状況が悪化してきた場合などの緊急事態の際に利用できる「セーフティネット貸付」なども用意されていますので、小規模事業者にとっては長く付き合っていくメリットのある金融機関です。

これまで取引がない事業者でも積極的に融資の相談に乗ってくれる

はじめて融資の相談にいった事業者であっても丁寧に話を聞いてもらえるということも民間金融機関と比較した際のメリットといえます。

お金を貸す側としてみれば、よく知りもしない人にお金を貸すのは不安だというのが普通です。ですから、信用を置いている企業に対してであれば積極的に融資をしたいと思っている金融機関であっても、これまで取引をしたことがなく、どういう事業をしていて経営状態がどうなのか、そういったところをよく知らない事業者には簡単にお金を貸してくれません。

まずは自分のことや経営状況等をよく知ってもらって、お金を貸したいと思わせる努力と時間が必要です。

一方、日本政策金融公庫の場合ははじめての方であっても積極的に融資をしようという姿勢で話を聞いてもらえます。

ここの違いは案外大きいものです。

もちろん、日本政策金融公庫の場合でも信用情報に問題があったり、計画性がなかったりすれば融資をしてくれませんが、そこについて説明する機会を簡単に得られることは日本政策金融公庫への融資申し込みをする大きなメリットといえるでしょう。

固定金利で低金利

日本政策金融公庫はすべて固定金利で融資が実行されます。つまり、お金を借りた時点から返済が完了するまで金利が変動することがありません。

そのため、将来金利が上昇することによって返済額が増える心配もなく、融資を受ける段階で返済計画を立てやすいというメリットがあります。

また、融資の種類や条件などにもよりますが、一般の民間金融機関の融資と比べても、金利が安い融資が多いです。

無担保、無保証人の融資がある

一般的な民間金融機関から融資をうけるには、担保や保証人をつけることを条件とされることが多いですが、日本政策金融公庫の融資は、無担保、保証人不要で融資を受けられる場合があります。

例えば、新創業融資制度、挑戦支援資本強化特例制度、マル経融資等です。

融資実行が早い融資が多い

日本政策金融公庫の融資は、融資の申し込みから、融資が実行されるまでの期間が短い融資が多いです。

日本政策金融公庫の融資の実行が早いのは、審査を適当にしているというわけではなく、信用保証協会を絡めない融資になるため、その分融資実行までの期間が短くて済みます。ただし、先ほど少しご紹介したオンラインレンディングやカードローンのよりは時間がかかります。

信用につながる

意外かもしれませんが、日本政策金融公庫で融資を受けること、そのこと自体が企業の信用につながることもあります。

確かに借入先が消費者金融等であれば信用が低下することも大いに考えられますが、日本政策金融公庫で融資を受けられるということは、むしろきちんと計画性のある事業計画書を立てることができたということであり、それを確実に返済していくことで信用を積み上げていくことができます。

こうした信用を得ることができれば、貸し手にとっても融資をすることはリスクではなくメリットとなり、今度は日本政策金融公庫だけでなく、民間の金融機関からも融資を受けやすくなります。

特に、中小企業事業での融資の審査が厳しく、企業の規模がある程度大きかったり、財務内容が良好でなかったりすれば融資を受けることができない中小企業事業から融資を受けられている企業は、つまり厳しい審査を通過した企業という泊が付き、今後の融資の審査にあたっても信用できる企業としてプラスに働く傾向にあります。

いざというときの保険になる

はじめて融資を受ける方や融資を検討されている方にとって、「融資＝借入＝借金＝悪」といったイメージを持っている方は非常に多いです。

もちろん資金が潤沢にあるのであれば借り入れなどせず、自己資金だけで経営していくの一番でしょう。

ですが、事業を行っていれば、よいときもあれば悪いときもあるというのが普通です。何らかの事情によって資金繰りが厳しくなるときも来るかもしれません。

ただ、そうしたときに融資を受けようとするのはとても難しいのです。なぜなら、返済ができないかもしれない会社にお金を貸したい金融機関はないからです。

ですから、自己資金に多少余裕があっても融資を受けておくことをおすすめしています。資金繰りに余裕があれば本業に集中することができますし、一度返済をしたという実績をつくり、金融機関からの信用を得ておけば多少資金繰りが厳しくても融資を受けられる可能性があるからです。

また、親や友人等から資金援助を受けられるような方こそ、そういった手段をいざというときのために残しておくために、最初からそういった手段に頼らず、金融機関から融資を受けておくことが保険になります。

融資を受けなくても大丈夫な人にとって融資を受けることの最大のデメリットは利息を支払わなければいけないということだと思います。しかし、いざというときのための保険だと考えれば、低金利で融資を受けられる日本政策金融公庫での融資はメリットのほうが大きいのではないでしょうか。

第2章

日本政策金融公庫で受けることのできる融資

1　無担保・無保証で受けられる融資

新創業融資制度やマル経融資など

日本政策金融公庫で取り扱っている融資にはたくさんの種類があります。

例えば、「新規開業資金」といって、これから事業を始める方や始めてから7年以内の若い事業者のための融資や、比較的融資が受けにくい女性や若者、シニアの創業者のための「女性、若者/シニア起業家支援資金」等があります。

日本政策金融公庫はこうした数多くの融資を用意し、小規模事業者等の支援を行っています。

とくに、日本政策金融公庫は、「新創業融資制度」や「中小企業経営力強化資金」、「マル経融資」等、無担保・無保証で利用できる制度もあります。

2　新創業融資制度

これから事業を始める方や創業間もない方のための融資制度

新創業融資制度は、日本政策金融公庫が用意している、これから事業を始める方や創業間もない方のための融資制度です。

ここでおさえておいてほしいポイントが、「新創業融資制度は特例制度であって融資そのものではない」ということです。

新創業融資制度は、日本政策公庫の提供する融資を利用しようとする方が、新創業融資制度の要件も満たしている場合には、その融資を「無担保・無保証人」で受けられるようにする制度です。

ですから、新創業融資制度を利用したい場合には、まずどの融資を利用するのかを検討する必要があります。

新創業融資制度の利用要件

無担保・無保証人で融資を受けることのできる「新創業融資制度」を利用できるのは、次の創業要件、雇用創出等の要件、自己資金要件の３つの要件すべてを満たしている人のみです。

①創業要件（ａｂのいずれかに該当）

ａ新たに事業を始める場合

ｂ事業開始後税務申告を２期終えていない場合

この要件は、これまでサラリーマンだった方が新たに自分で事業を始めるのであれば問題なく満たすことができるはずです。

しかし、これまでもご自身で事業をされていた方が新たに別会社を設立して融資を受けようとしている場合には、注意が必要です。なぜなら、融資を受けるために新しく会社をつくったと疑われかねないからです。

ですから、そうしたケースでは、これまでの会社と新設会社の事業内容の違い等について説明をする必要があります。

また、bのケースの場合は、「事業開始後2年」ではなく、「税務申告を2回終えるまで」ですので注意が必要です。開業時期によっては、1年ちょっとしか新創業融資制度を利用できる期間がないという場合もあります。

②雇用創出等の要件（a～dのいずれかに該当）

a雇用の創出を伴う事業を始める場合
b現在勤務している企業と同じ業種の事業を始める場合（6年以上の勤務歴または大学等で修得した専門性と関連性のある職種で勤務歴が2年以上）
c産業競争力強化法に定める認定特定創業支援等事業を受けて事業を始める場合
d民間金融機関と公庫による協調融資を受けて事業を始める場合

これだけみると、とても難しい要件のように思われるかもしれませんが、すぐに諦める必要はありません。

ａの要件の場合、必ずしも融資申し込みのタイミングで従業員を雇い入れる必要があるわけではなく、１年以内に雇い入れる予定であればＯＫです。また、大学の専攻と関連ある職種で２年以上の勤務歴という要件の場合も、専門がまったく同じでない場合にも、関連を説明できれば大丈夫です。

一見して難しいと思った方も、再度要件を確認して、自分の場合に当てはめることができる要件がないか、検討してみるとよいでしょう。

③ 自己資金の要件

ａ創業資金総額（今回の創業に必要なお金。融資希望額ではありません）の10分の１以上の自己資金がある場合。ただし、「②雇用創出等の要件」のｂまたはｃに該当する場合はこの要件を満たすものとして取り扱われます。

これらを満たしていれば、新創業融資制度の特別な条件（無担保・無保証人等）で融資を受けることができます。

法人の場合であっても代表者は連帯保証人にならなくてよいので、仮に事業がうまくいかず倒産してしまった場合も代表者は融資額返済の義務がないことになりますので、借りる側としてはとて

〔図表1　新創業融資制度（無担保・無保証人）の場合の金利
（令和2年９月１日現在、年利%）〕

基準利率	特別利率A	特別利率B	特別利率C	特別利率D	特別利率E	特別利率J	特別利率P	特別利率Q
2.46～2.85	2.06～2.45	1.81～2.20	1.56～1.95	1.81～2.20	1.06～1.45	1.41～1.80	2.26～2.55	2.06～2.45

〔図表２　担保を提供する融資の場合の金利
（令和2年９月１日現在、年利%）〕

基準利率	特別利率A	特別利率B	特別利率C	特別利率D	特別利率E	特別利率J	特別利率N	特別利率P	特別利率Q	特別利率R	特別利率U
1.21～2.20	0.81～1.80	0.56～1.55	0.31～1.30	0.56～1.55	0.30～0.80	0.30～1.15	0.91～1.60	1.01～1.90	0.81～1.80	1.01～1.70	0.71～1.40

も有利な制度といえます。

新創業融資の融資条件

新創業融資では、最大３０００万円（内運転資金は１５００万円が上限）を設備資金および運転資金として借りることが可能です。

新創業融資制度の金利額は、図表１のようになっています（ご自身が利用する融資に該当する利率を調べて当てはまる利率を確認します）。

これに対し、担保付き融資の場合は図表２のようになっており、担保がある分、新創業融資制度の金利よりも少し低くなっております。

ただ、新創業融資制度を利用した無担保の場合であっても、カードローン等の５％前後の金利と比べれば十分に好条件の融資といえます。

３　マル経融資

マル経融資とは

マル経融資とは、小規模事業者経営改善資金の略称で、商工会議所を通じて（商工会議所の推薦をもらうことで）日本政策金融公庫から融資をしてもらうことができる制度です。

マル経融資も無担保・無保証で受けられる融資の1つです。

マル経融資の利用要件

マル経融資を受けるための条件は次の通りです。

① 従業員が20人以下の法人もしくは個人事業

※商業またはサービス業（宿泊業や娯楽業を除く）の場合は5人以下

② 直近1年以上、商工会議所地区内で事業を行っていること

③ 商工会議所もしくは商工会の経営・金融に関する指導を原則6か月以上受けており、事業改善に取り組んでいること

④ 税金（所得税・法人税・事業税・都道府県民税など）を完納していること

⑤ 日本政策金融公庫の非対象業種等に属していないこと

※非対象業種とは、金融業・保険業のうち、銀行業、貸金業、クレジットカード業などや競輪、競馬、パチンコなどの娯楽業、生命保険・損害保険などになります。

このように、マル経融資を利用するための要件はそれほど厳しいものではありません。

ただ、1年以上事業を行っている必要があること、6か月以上商工会議所の指導を受けているこ

と等の要件があることから、資金繰りが厳しいときにすぐに融資を受けられるというものではありません。

マル経融資条件

マル経融資の内容は次の通りです。

- 融資限度額は２０００万円
- 返済期間は、運転資金は7年以内（据え置き期間1年以内）、設備資金は10年以内（据え置き期間2年以内）
- 金利は、令和2年8月3日現在では1・21％でかなりの低金利となっています。
- 無担保かつ無保証

マル経融資の他の融資制度と大きく違うところは、申込窓口が商工会議所の相談員であり、商工会議所から推薦状をもらう必要があることです。

経営指導員からの経営指導とは、1～2か月に1度程度会社を訪問されて、経営指導員と会社の経営状況などについて話し合う、というものです。

したがって、すぐにでもキャッシュが必要だという場合には、このマル経融資は利用することはできませんので、そこだけ注意が必要です。

すぐに必要ではないけど、資金繰りに手段の1つとして考える場合には、無担保・無保証でもありますし、低金利でもありますので最大限利用することをお勧めします。

4　セーフティネット貸付

セーフティネット貸付とは

セーフティネット貸付とは、ピンチのときに融資をしてくれる制度です。

セーフティネット貸付には、次の３つの融資制度があります。

①経営環境変化対応資金

経営環境変化対応資金とは、社会的、経済的環境の変化等の外的要因により、一時的に業況が悪化している方が、受けられる制度です。

※要件の詳細は左記ＵＲＬ参照

https://www.jfc.go.jp/n/finance/search/07_keieisien_m.html

中長期的には業況が改善することが見込まれる場合に設備資金または運転資金の融資を受けることができます。

融資限度額は個人や小規模事業者であれば４８００万円、中小企業は7億２０００万円です。

セーフティネット貸付の金利は固定金利になりますので、基準利率が適用されます。
※詳細が気になる方は左記ＵＲＬをご参照ください。
https://www.jfc.go.jp/n/rate/index.html
融資期間は設備投資であれば15年、運転資金であれば5年間であり、うち3年以内であれば返済を据え置くことができます。
保証人や担保が必要か否かは状況によってことなりますが、中小企業への融資の場合は、金額が大きく、また返済期間も長いため、担保が必要なケースが多くなります。

②金融環境変化対応資金

金融環境変化対応資金は、金融機関との取引状況の変化によって一時的に資金繰りに困難を来している方のための融資制度です。

こちらも一時的に資金繰りに困っていて、中長期的には経営の安定が見込まれる事業者に適応されます。

融資限度額は個人、小規模事業者で４０００万円、中小企業は3億円です。

この融資限度額は、日本政策金融公庫の別の融資制度とは別枠となります。

返済期間は設備資金の場合15年以内、運転資金の場合は8年以内で、うち3年以内で据置期間を設定することが可能です。

利率は信用リスクや融資期間等に応じて基準利率が適用されます。

https://www.jfc.go.jp/n/rate/base.html

③取引企業倒産対応資金

取引企業倒産対応資金は、取引先の企業が倒産したこと等により資金回収ができず、連鎖倒産の危機にある企業のための融資制度です。

この融資で受けられるのは、運転資金であり、融資限度額は個人や小規模事業者で別枠3000万円、中小企業事業で別枠1億5000万円です。

返済期間は8年以内で、うち据置期間を3年以内で設定可能です。

利率は信用リスクや融資期間等に応じて基準利率が適用されます。

https://www.jfc.go.jp/n/rate/index.html

セーフティネット貸付を利用したい場合には、まず日本政策金融公庫の窓口に相談してみるとよいでしょう。また、どの融資の対象になるかわからないという方は、日本政策金融公庫の窓口や融資をサポートしている専門家に相談してみてください。

第3章

融資の流れとスケジュール

1　融資実行までの流れ

融資申請の手続の流れを順番に示すと、次のようになります。

①　電話連絡・相談申し込み

日本政策金融公庫の融資を申し込むためには、まず電話で日本政策金融公庫に融資を受けたい旨連絡をします。インターネットからでも申し込むことができます。インターネットで申し込みをした場合には担当者から電話がかかってきますので、その電話で今後提出すべき書類の確認等が行われます。ただ、どちらにしても日本政策金融公庫の担当者と話をする必要がありますので、まずは日本政策金融公庫に問い合わせをするとよいでしょう。

> 日本政策金融公庫の事業資金相談ダイヤル：0120-154-505（行こうよ！　公庫）

②　初回の相談

インターネットで申し込みをすれば、店舗に行くことなく郵送でも書類を提出することができますが、すべて遠隔で申し込みを済ませてしまうのはあまりおすすめできません。

まずは店舗に相談にいって相談をし、今後の融資について相談をするのがおすすめです。

日本政策金融公庫の相談ダイヤルに電話して、支店での相談に日程をとってもらうとよいでしょう。

今後面接等もありますので、その場の雰囲気を知っておくだけでもメリットがあります。

この初回相談のときにはインターネットからダウンロードした借入申込書に必要事項を記入してもっていくことをおすすめします。

③　必要書類の準備・提出

日本政策金融公庫の融資を申し込む場合には名前や借入希望額等の概要を記載した借入申込書だけでなく、各融資制度に合わせた添付書類を作成して提出しなければなりません。

例えば、創業計画書等です。

ここで提出する書類の出来によって審査期間が長くなってしまったり、場合によっては審査に通らなかったりすることもあり得ますので、時間をかけて慎重に準備する必要があります。

なお、今後面接がありますので、自分が提出した書類の内容がわかるよう、コピーをとっておくことをおすすめします。

④ 面談

必要書類の提出ができれば、1週間程度で担当者から面接の日程が記載された郵便が届きます。

この書類には、面接の日程だけでなく、当日にもっていくべき書類についても記載されていますので、不備がないように丁寧に準備して遅刻等しないように面接場所に向かうようにしましょう。

提出した書類について自分の言葉で説明できるようにしておくことも必要です。

書類の作成を依頼した場合はもちろん、ご自身で作成した場合にも、再度内容を確認しておくようにしましょう。

なお、面接の日程は変更することができませんので注意が必要です。

⑤ 融資の決定、契約

面接が終わって1週間程度で審査結果の通知が来ます。

融資が決定したら、その通知に記載されている必要書類をもって日本政策金融公庫の窓口に行き、実際に融資の契約をします。

返済の方法としては、元金均等返済、元利均等返済、ステップ返済の3つがあります。

支払う総額が一番少なくて済むのは元金均等返済ですので、特別な理由がなければ元金均等返済で返済していくことがおすすめです。

契約ができれば、数日後、実際にお金が指定の口座に振り込まれます。

⑥　返済開始

お金を借りたら、今度は返済をしていかなければなりません。

今後もご自身の事業を継続し、友好的に日本政策金融公庫とのお付き合いを続けるためにも、必ず返済期日を守って着実に返済をしていくようにしてください。

万が一返済が遅れたりすることがあれば、今後日本政策金融公庫からお金を借りることが難しくなるだけでなく、ほかの金融機関からお金を借りることもできなくなってしまいます。

2　申込から融資実行までの期間

審査期間は2～3週間

日本政策金融公庫の融資の審査時間は、今回の融資が初めて日本政策金融公庫から融資を受ける場合なのか、若しくは、過去に日本政策金融公庫から融資を受けたことがある場合かで変わってきます。

みなさんも、初めてお金を貸す人と、過去にお金を貸してちゃんと返してもらった実績のある人だったら、初めてお金を貸す人の方がじっくりとこの人にお金を貸して大丈夫か？　と検討することは想像できるかと思います。

それと同じで、はじめての場合には時間がかかります。

また、過去に日本政策金融公庫で融資を受けたことがある場合にも、前回の融資の返済完了から3年以上経過している場合は過去の情報データが削除されていますので、創業融資や直近3年間で融資の実績がない企業に対しては、はじめての場合と同じように時間がかかると思っておいたほうがよいでしょう。

そのため、はじめて（or久しぶりに）融資を申し込む場合には、審査期間として休日を含めた2週間～3週間程をみておいてください。

他方、リピートで融資を希望する場合には、だいたい審査には1週間～2週間ほどですが、業績によっては2週間以上かかる場合もあります。

3　審査が長引く要因

日本政策金融公庫の繁忙期／担当者が忙しい

まず、1つ目に日本政策金融公庫の繁忙期であったり、単純に担当者が忙しい、ということが挙げられます。

日本政策金融公庫には、あからさまな繁忙期があるという訳ではありませんが、新年や新年度に向けた資金調達のニーズが高まり、12月、４月に融資件数が多くなる傾向があります。

融資の審査は、担当者がついて審査をすることになっていますので、１人あたりの抱える案件数が増えればその分審査が長引くのは納得です。

また、日本政策金融公庫は土日祝、盆休みやゴールデンウィークなど、の担当者の休暇中は審査が止まりますので、かなり属人性が強いと言えます。

なお、一般的に週頭に申し込むと融資担当者の対応が早くなり、審査結果も早めに出やすいため、１日でも早く融資を受けたい場合にはそのような小技も有効です。

ビジネスモデルが特殊で理解が難しい

ビジネスモデルが特殊で難しい、という場合は審査が長くなる傾向にあります。

融資担当者は、多くの申請人からの審査を通して色々なビジネスモデルを見ています。その経験から適正な融資額の検討をするのですが、融資を受けようとする事業が、特殊で新しく、今までに融資の実績がないとなると、まず融資担当者がそのビジネスモデルを理解するのに時間がかかってしまいます。

また、融資の決定は融資担当者だけで完結するのではなく、担当者から支店長に案件が上がります。そこで内容をしっかりと理解してもらうのに更に時間がかかったということも考えられます。

これを予防するためには、事前に補足資料を作成し、担当者に理解してもらいやすい状態で面談にのぞむことが必要となります。

担当者が案件の中身を掴むのが難しかった、という意味では、「事業計画書等の書類のつくり込みが甘かった」ということもこの長期化要因に含まれるかと思います。

提出書類不備

これは一番もったいない長期化理由ですが、意外と多い理由でもあります。

提出書類に不備があれば、不備に対する追加情報の提出が必要になりますし、字が汚くて解読できないから、確認の電話が来たということも耳にします。

焦らず正確に丁寧に、時間をかけて準備した方が結果的に早く審査が終わるということも十分に考えられます。

その他にも、担保を必要とする融資で、担保の評価に時間がかかってしまった場合など、上記の3つの理由とは違った理由もありますが、とりあえずは前記3つを意識して、最短で融資が受けられるよう、段取りを進めて行きましょう。

第4章

審査のポイント

1　日本政策金融公庫の審査は甘いのか

甘く見ず、審査のポイントを理解して準備を進めよう

本書を読んでいただいている方の中には「日本政策金融公庫は審査が甘い」とか、「審査が通りやすい」といった噂を聞いたことがあるかもしれません。

たしかに、日本政策金融公庫は、民間の金融機関に比べて信用力が高くない人であっても積極的に融資をしてくれますので、民間の金融機関に融資を断られる方であっても融資を受けられる可能性があります。

ですが、それは決して日本政策金融公庫の審査が甘いからではありません。日本政策金融公庫は政府系金融機関であるとはいえ、貸したお金を返してくれない人にどんどんお金を貸していれば運営をしていくことはできませんし、むしろ国民の血税を使って運営されている政府系金融機関だからこそ厳しく見ていかなければならないという側面もあります。

つまり、単に審査に通るか否かの審査ポイントや基準が民間金融機関と少し違うだけで、決して審査そのものが甘いわけではありません。

もし実際に日本政策金融公庫から融資を受けたことがある経営者仲間等からそうした意見を聞い

たことがあるのであれば、それはその方がしっかりと審査のポイントを網羅し、準備をされてから日本政策金融公庫の融資に申し込みをしたからだと思います。

準備というのは、審査のポイントを理解し、それに合わせた準備と事業計画書等の書類の作成等です。

日本政策金融公庫が創業者等の信用があまりない人にも積極的に融資を行っているとしても、甘く見ず、審査のポイントを理解して準備を進めていくことが大切です。

2　審査のポイント①　自己資金

自己資金がないと融資は受けられないのか

自己資金が問題になるのは、創業融資の場合です。創業者の場合、その会社や事業として実績がありませんので、その他の部分で返済ができる人（会社）なのかを判断するしかありません。

そこで審査の1つのポイントになるのが自己資金です。当然、お金を持っていない人よりお金を持っている人のほうが返済をしてもらえる可能性は高いと判断されますので、自己資金は、たくさんあればあるほど審査は通りやすくなります。

自己資金を十分確保した上で事業を開始するのであれば、それだけで事業を始めるにあたってしっかりと準備を進めてきたことを示すことができ、返済の信用性が高いと判断してくれます。

逆に、自己資金が全くないと事業計画の信ぴょう性がないと判断されて、審査に落ちてしまいます。

ただし例外もあります。これが、「新創業融資制度」です。新創業融資の場合にも原則として創業資金の10分の1の自己資金が必要になりますが、「ただし」と例外規定があります。

・現在勤務している企業と同じ業種の事業を始める場合
・産業競争力強化法に定める認定特定創業支援等事業を受けて事業を始める場合

このいずれかの場合にあてはまるときは自己資金の要件を満たすものとして取り扱う＝自己資金がなくてもよい、とされています。

そのため、自己資金がない場合は現在会社で働いている業種と同じ内容で新規事業を行うか、認定特定創業支援を受けて事業を行うことで融資を受けられます。

認定特定創業支援とは、市区町村が行う創業者向けの支援制度で、セミナーに参加することで、証明書を交付してもらうことができます。

ただ、この条件で融資を受けることができるのは一握りの方のみですし、自己資金がない場合には融資を受けることができる金額も少なくなってしまいますので、実際にはほとんどの方が自己資金を用意して融資の申し込みをしています。

事業を始めようと考えているのであれば、自己資金も含めて早い段階から準備を進めておくことが大切です。

融資を受けるために必要な自己資金の額

それでは、自己資金はどれくらいあればよいでしょうか？　この点については、融資を受けたい額の50％以上の自己資金があればまず問題ないと言えます。

つまり、５００万円融資を受けたいと思っているときに２５０万円の自己資金があれば、審査が通る可能性は高いです。

ただ、実際に融資を受けたいと考えている人が融資額の50％を用意するのは難しいことが多いかと思います。現実的には、少なくとも20％～30％程度の自己資金を用意してから申請を行うのが多いようです。５００万円融資を受けたい場合は、１００万円～１５０万円の自己資金です。

見せ金ではだめ！

自己資金とはいっても、融資の申込時に通帳にお金があればよいのであれば、自己資金は銀行等の金融機関や知人から一時的に借りたお金でもなんとかなるのではないかと思った人もいるかもしれません。ですが、それでは融資は受けられません。

見せ金であると認定されてしまうと、自己資金が用意できておらず、計画性がない。返済可能性も低く、審査を通すために嘘をつくような人だと判断されて、審査に落ちてしまいます。

見せ金かどうかを判断するために、一時期に多額のお金が振り込まれていると、「これはどういう目的のお金ですか?」と質問されます。「見せ金ですか?」という聞き方はされません。一時期に多額のお金が振り込まれていることをもって、総合的に見せ金と判断され、審査に落ちてしまいます。

「知人から、私の新規事業のために投資してもらった」という説明をすると、その知人が株主になっているかどうかという点も調査されますし、「商品を販売した対価だ」と言えば契約書等も確認されます。

結局、自己資金は、どうやってつくったお金なのか、という点が大きなポイントです。一時的に借りたお金ではまず審査は通らないと思っておいたほうがよいでしょう。

自分でこれまでに会社員時代に働いて貯めてきたお金で、毎月の給与から貯蓄していました、と証明できるのがベストです（自分のお金であっても退職金等の急にできたお金より堅実にためてきたお金のほうが好まれます）。

例えば、毎月5万円ずつ5年間貯めて、自己資金は300万円あります、と言えれば審査に通る可能性が高くなります。

それが難しい場合でも、最低でも半年～1年の間は堅実な生活をして、着実に準備を進めてきたというアピールができるようにしましょう。

貯めた金額だけでなく、日常生活でも散財せず、コツコツと貯金をして堅実に暮らしていることも審査においてプラスになります。

過去1年ほどは配偶者の通帳も含めて見られてもよい状態にしておくように心がけましょう。

3　審査のポイント②　実績（決算書）

決算書では何をみるのか

創業後、1年後以降に融資を受ける場合には必ず会社の決算書（個人事業主であれば確定申告書）を提出します。

決算書は事業の成績表のようなものです。その会社がどれだけの利益を出しているのか、借り入れがあるのであればどれだけの借り入れがあり、資産と比べてどうなのか等、会社の経営状況がわかります。

損益計算書で利益率を見たり、貸借対照表で負債の割合を見たりすることによって、その会社（事業主）が今後新たに融資を受けた場合に返済をしていけるのかどうかを確認します。

赤字になっていないか

まず1つの指標になるのが、赤字か否かです。赤字の場合には利益が出ていないということですので、今後も利益が出ず、返済をしていくことができないのではないかと疑われてしまいます。

ただ、赤字ということだけで諦める必要はありません。1年を通して赤字であったとしても、後半盛り返しているのであれば、それを説明することで融資を受けられる可能性は十分にあります。

特に、開業後に創業融資を受ける場合、最初は十分な利益を上げることは難しいでしょうから、今後黒字に転ずる可能性が高いことを事業計画書で示していくことが必要です。

会社の資産は十分か

日々の売上や利益のほかに重要なポイントになるのが、会社の資本です。

現金に比べて短期の借入が多い場合に倒産の危険性があるのはもちろん、純資産（自己資本：会社の総資産から負債を引いた額）の割合が低い場合にも融資を受けることは難しくなります。

当然、自己資本比率（自己資本÷総資本×100）は高ければ高いほどよいわけですが、理想は40～50％です。ただ、中小企業ではそれほど自己資本比率が高い企業は多くありませんので、20％ほどあればそれほど心配することはありません。ただ、15％を切っていてほとんどを借入金に頼っているような場合には事業計画書等でかなりの努力が必要になると思っておいてください。

役員にお金を貸している場合は注意

小さな会社の場合、会社を設立していても会社は社長の所有物のように、個人の資産と会社の資産があいまいになってしまっているような会社さんが多いです。

しかし、融資を受ける場合には注意が必要です。特に会社が社長に貸付をしているような場合には、貸したお金も社長の個人的な用途に使われてしまうのではないかという懸念が生じます。

また、節税対策でそうしたことをしているような場合には、脱税と判断されてしまう可能性も否定できません。

会社の資産と個人の資産はきちんとわけて経営していることは経営者の信用にもつながりますので、融資を考えている場合には事前に解消しておくことがおすすめです。

異常な数値がないかを確認

これまで紹介したような、ポイントだけでなく、他の部分においても異常な数値がないか否かは確認しておくようにしましょう。例えば、売掛金が他の同業者に比べてとても多いような場合には、なぜそうなったのかを説明できるようにしておかなければなりません。

また、当然のことではありますが、返済の遅れや税金の未払い、遅れ等があるような場合には融資は難しくなります。

4　審査のポイント③　経営者の経験・能力

日本政策金融公庫が返済できる人なのか否かを判断するポイントの1つがその人個人の経験や能力です。お金を貸すならば、まったく経験したことがない業種で事業を始める人よりも、これまでに会社員として携わってきた業界で独立しようとする人のほうが実績も計画性もあって、信頼できると思うのは自然なことではないでしょうか。

そう考えるのは、日本政策金融公庫の担当者も同じです。特に創業前や創業後間もない時期の融資であれば、事業としての実績を示すことが難しいので、経営者個人の経験や能力が重要なポイントになります。

現時点で5年以上同じ業界での職歴があれば、高評価が期待できます。ただ、そうした人ばかりではないでしょう。

もし、現時点で経験がないのであれば、アルバイトでもよいので、最低半年から1年ほど経験を積むことをおすすめします。

それができない事情がある場合には、まったく同じ業界でなくても、これまでの経歴から培った能力で今後の経営に生かせることがあれば、積極的にアピールしていくようにしましょう。

5　審査のポイント④　信用情報

信用情報とは

信用情報とは、これまでに借金の返済や携帯代等の支払いを遅れたことがないかどうかというポイントです。

日本政策金融公庫の審査では、個人の信用情報を必ずチェックします。

所得税、住民税、法人税、事業税等の税金関係の他、電気やガス等の公共料金、クレジットカードや奨学金等の返済状況についても調査が行われますので、面談でも必ずこの点についての質問がなされます。

ここで現在も滞納がある人は、借金を返すために融資を受けるとみなされて審査に落ちる可能性が高くなりますので、申請をする前に全額返済しておくようにしましょう。面談時にその場限りの嘘をついても結局は調査でバレてしまいますので気を付けましょう。

信用情報の確認

ご自身の信用情報に不安がある方は、事前に次で確認してみるとよいでしょう。

・銀行系「全国銀行個人信用情報センター」
・クレジットカード系「CIC（株式会社シー・アイ・シー）」
・消費者金融系「JICC（日本信用情報機関）」

また、日本政策金融公庫は国が出資する金融機関、つまり税金を使って運営されているということもあって、税金の滞納等にも厳しいので、そこも慎重に確認しておきましょう。

信用情報に問題があるときは

ただし、信用情報に問題があるからと言って絶対に融資を受けることができないというわけではありません。信用情報は、融資の審査において重要な要素となっています。

状況によっては、日本政策金融公庫もそれを把握した上で、融資をする決断をしてくれる場合もあります。もし、信用情報を調べてみて問題があり、それでも融資を諦められない場合には、まずは現時点で改善できることを早急に改善するようにしてください。

そして、公庫の担当者には包み隠さず、正直に相談することをおすすめします。

できることはすべてした上で、今の状態を素直に伝えることが、誠実であるという評価につながります。実際にそうして融資を受けた方も過去にいらっしゃいますので、あきらめず、何よりも誠実に対応することを心がけましょう。

6　審査のポイント⑤　資金使途

資金使途とは

資金使途とは、何の目的で融資を申し込むのか、という点です。この点がはっきりしていなければ計画性がないと判断されて、融資はしてもらえません。

設備資金と運転資金

日本政策金融公庫で融資を受ける場合の資金使途は大きく分けて「設備資金」と「運転資金」に分けられます。

設備資金とは、オフィスを借りるための初期費用や、店舗の内装、機械設備等を指します。一方、運転資金とは、設備資金以外の事業を運転していくための資金で、人件費や商品の仕入にかかる費用、オフィスの家賃や消耗費等を指します。

設備資金は相場を把握

融資を受けるためには何の目的で融資を申し込むのかをはっきりしなければならないといいまし

た。そのため、設備投資の場合は、見積書をとって提出します。

ただ、なにに使うのかが明確であればよいという簡単なことではありません。妥当性があると判断されなければ融資を受けることはできません。

例えば、ラーメン屋さんを開業しようとするとき、店舗を借りて内装工事をする必要がありますが、知り合いの内装業者に高額で見積もりを出してもらったとしても、それが相場より高ければ、そこについて説明を求められることになるでしょう。

また、おしゃれな店内にしたいと思って、内装をこだわれば、その分費用も高額になっていくはずです。ですが、それが自己資金やラーメンの単価等と比べて高額であればその妥当性が疑われることになります。

その設備投資をすることは、今必要なのか、相場より高くないのか。相場より高い場合には、その必要性と妥当性はどこにあるのかをしっかりと説明できるようにする必要があります。

また、設備投資の場合には、原則計画通りに実際に購入しなければなりませんので、慎重に検討していく必要があります。

運転資金は月商の2～3か月分が目安

運転資金の場合は、設備資金とは違って、見積書を出す必要はありません。ですが、なぜそれだけの融資が必要なのかを明確に示さなければなりません。

ですから、まずは今後必要になる経費をすべて洗い出し、自己資金や今後の収支計画と照らし合わせて検討していく必要があります。

綿密な計画を立て、それを実行していく能力と素質がある人間なのかが融資の審査ポイントです。運転資金とはいっても事業を続けていくために必要なお金が足りないから助けてくださいといった借り方はできないと思ってください。

今後売掛金が入る予定等で利益が出る予定だけど一時的に原価を仕入れたりするために必要な資金がこれくらい足りないので貸してくださいといったふうに、一時的に立て替えてもらうといったイメージです。

7　審査のポイント⑥　事業計画の実行性

実現できる事業計画かどうか

事業計画の実行性というと難しく感じられるかもしれませんが、実現できる事業計画なのかどうか、ということです。

いくらすばらしい事業計画書をつくってもそれが実現できないものなのであれば、意味がありません。公庫の担当者もそこを判断しようとしています。

ですから、数字の根拠や背景等もしっかりと組み込んで事業計画をつくっていく必要があります。例えば、かき氷屋さんが融資を受けるために事業計画書を作成するとします。当然、今後売上を上げていって返済できるような計画書を提出できなければ融資を受けることは難しいでしょう。ただ、よく考えてみてください。かき氷を食べる人が多いのは暑い夏ではないでしょうか。

それなのに季節関係なく一定割合で売上が上がっていく事業計画書を提出した場合、日本政策金融公庫の担当者は「この人は自分の事業についてよく考えていないのではないか、そうであればそんな計画性のない人には貸しても返済してもらえないかもしれない」と思ってしまっても仕方ないと思います。

事業の性質や背景まで考えて、どうしてなにをどれだけ売ってどれだけの利益がでると予想しているのか、どうしてそれだけ売れると考えているのか等をしっかりと説明していくことで、事業計画の実行性を示していくことができます。

もし、かき氷屋さんで季節に影響を受けず売上を伸ばしていけると考えているのであれば、その根拠も一緒に事業計画書で説明するようにしましょう。

また、たとえ、かき氷が冬でも夏と同じように売れるのが業界では常識だったとしても、一般の人がみんなそう思わないのであれば、説明を加えておくべきだ、ということも覚えておいてください。実行性のある計画をつくることは当然のこととして、実行性を日本政策金融公庫に理解させる、ということが一番大切なことだからです。そのため、事業計画書が出来上がったら、一度第三者にみてもらうことがおすすめです。

8　審査のポイント⑦　面談

面接はとても重要

審査のポイントをみて、自己資金だって決算書だってこれから変えられるところでもないし、今後の計画だって事業計画書で提出しているのだから、書類がすべてで、面接なんてほとんど関係ないんじゃないの？　と思ってしまった人もいるかもしれませんが、そんなことはありません。

面接は融資の審査においてとても重要な役割を果たします。

もちろん、創業融資において自己資金が全くない場合や、これまでのクレジットカードの支払いに問題があって返済能力を疑われているような場合には、面接のよし悪しにかかわらず融資を受けることはできないかもしれません。

ですが、どんなによい書類をつくっても面接でしっかりとした対応ができなければよい条件で融資をしてもらうのは難しいと思ったほうがよいでしょう。

清潔感のある格好で

見た目で判断するなんてと思う方もいるかもしれませんが、融資の審査は「人」が行います。

その人が計画性をもって事業を行っていける人なのか、どれだけ本気でその事業を行おうとしている（または行っている）のかを人が判断するにあたり、第一印象というのも案外大切です。

ご自身のお仕事もある中で少し手間だと思われるかもしれませんが、清潔感のあるしっかりとした格好で面接に挑むように心がけましょう。

自信をもって自分の言葉で答える

融資の面接で最もよくないのが、社長ではなくコンサルタント等が答えてしまうということです。

もちろん、私たち融資の専門家は、どういった点が審査のポイントとなって、どういう受け答えをすれば審査に通りやすいかを知っています。

そしてできるだけ審査に通るように事業計画書の作成等もお手伝いします。

ただ、お金を貸す側からみれば、自分の事業計画も自分の言葉で説明できないような人が本当に事業を成功させて返済ができると思えるでしょうか。

公庫の担当者はそこを見ています。

ですから、かならず自分の言葉で説明ができるようにしておかなければいけません。

そのためにも、書類作成の段階から専門家に丸投げせず、一緒につくっていくという意識をもって準備をすることが大切です。

逆を言えば、すべて任せていただければ審査に通る書類を作成しますよ！　というような専門家を信用してはいけません。

ご自身の考えを事業計画書に落とし込み、伝わりやすい書類をつくってもらうというところに専門家の役割があると考えるとよいでしょう。

専門用語を使わない

意外と大切なのが、専門用語を使わない、自分の常識を常識だと思わず丁寧に説明する、ということです。

日本政策金融公庫の担当者は毎日数多くの融資に携わり、さまざまな会社の融資を担当していますが、それぞれの業界のプロではありません。

ですから、面接では社長にとってはあたりまえのことや、提出した書類に既に書いたことを聞かれることもあると思います。

そんなときに、丁寧に説明できなければ融資を勝ち取ることはできません。

その理由は面接後の審査方法にあります。

日本政策金融公庫の担当者は面接をしたのち、公庫内部での審査を通すために書類を作成し、上司に提出します。そしてその書類をもとに日本政策金融公庫の内部で審査が進められるわけです。ですが、担当者が事業の内容や事業計画、融資の目的等について深く理解できていなければよい稟議書はつくれません。

担当者があなたの事業のことを深く理解し、一番の協力者になってくれなければ融資を受けることは難しいと思って、担当者の質問には真摯に答えるよう心がけましょう。

担当者は敵ではない

面接のときに心得ていてほしいことが「担当者は倒すべき敵ではない」ということです。

担当者は日本政策金融公庫の内部での審査を通すための協力者です。

担当者は協力者であることを理解し、知りたいことに的確に答えてあげること（必要以上に話すぎないこと）、あいまいな表現は使わず、わかりやすく答えること、意見が異なるのであれば、強く反論するのではなく、自分の意見の根拠を示しながら相談をするようにすることで、できる限り味方になってもらいましょう。

そうしておくことで、面接後であっても、融資に有利になるようなこと（新規顧客獲得等）があれば、報告できるような関係をつくっておくことができます。

第5章

提出書類の書き方

1　必要書類

融資を受けるときに必要な一般的書類

融資を受ける際に一般的に必要となる書類は、図表3のような書類です。図表3の書類はあくまでも一般的なものとなり、審査担当者によって若干異なることがありますので、必ず提出をする日本政策金融公庫に確認をしてください。

これだけみても、よくわからないと思いますので、それぞれ具体的に見ていきます。

①　借入申込書

読んで字のごとく、日本政策金融公庫に融資を申し込むための申込書になります（図表4）。窓口でももらえますし、日本政策金融公庫のホームページからダウンロードすることもできます。申し込みをする人の名前、どれくらいの金額を借りたいのか、どんな事業をしているのか等、基本的なことを記入して提出する書類です。

これを提出することは日本政策金融公庫から融資を受けるための第一歩になります。まだ融資を受けようか否か、検討しているという段階の方も、先に目を通しておくとよいと思います。

〔図表３　融資に必要となる書類〕

①	借入申込書
②	事業（創業）計画書
③	預金通帳のコピー
④	会社の登記簿謄本（３か月以内の履歴事項全部証明書）
⑤	２期分の確定申告書一式
⑥	見積書（設備投資がある場合）
⑦	不動産の賃貸借契約書のコピー（全部のページ）
⑧	資金繰り表
⑨	許認可証のコピー（許認可が必要な場合）
⑩	代表者の顔写真付きの身分証のコピー（運転免許証・パスポート等）
⑪	印鑑証明書（法人のもの）
⑫	水道光熱費の支払資料（預金通帳のコピーでわかるなら不要とされることも多い）
⑬	関連会社の決算書
⑭	知事の推薦書（生活衛生関係の事業、５００万円超の融資）

〔図表４　借入申込書〕

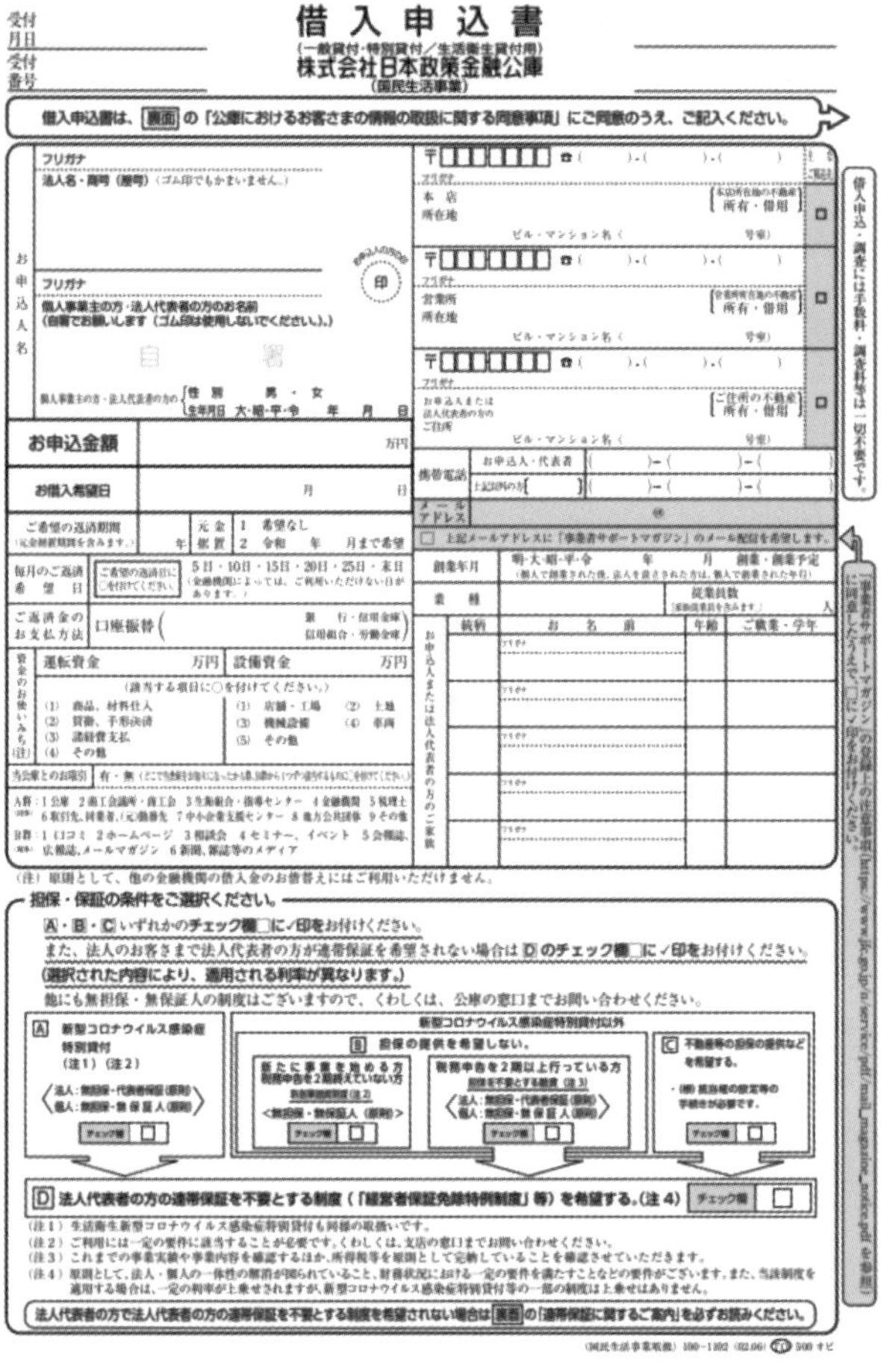

受付月日

受付番号

借 入 申 込 書

（一般貸付・特別貸付／生活衛生貸付用）

株式会社日本政策金融公庫

（国民生活事業）

借入申込書は、裏面の「公庫におけるお客さまの情報の取扱に関する同意事項」にご同意のうえ、ご記入ください。

お申込人名

フリガナ

法人名・商号（屋号）（ゴム印でもかまいません。）

フリガナ

個人事業主の方・法人代表者の方のお名前（自署でお願いします（ゴム印は使用しないでください）。）

自　署

印

個人事業主の方・法人代表者の方の　性別　男・女　生年月日　大・昭・平・令　年　月　日

〒　☎（　）-（　）-（　）

本店所在地　ビル・マンション名（　号室）　所有・借用

〒　☎（　）-（　）-（　）

営業所所在地　ビル・マンション名（　号室）　所有・借用

〒　☎（　）-（　）-（　）

お申込人または法人代表者の方のご住所　ビル・マンション名（　号室）　ご住所の不動産　所有・借用

借入申込・調査には手数料・調査料等は一切不要です。

お申込金額	万円
お借入希望日	月　日
ご希望の返済期間（元金据置期間を含みます。）	年　元金据置　1 希望なし　2 令和　年　月まで希望
毎月のご返済希望日	ご希望の返済日に○を付けてください。　5日・10日・15日・20日・25日・末日（金融機関によっては、ご利用いただけない日があります。）
ご返済金のお支払方法	口座振替（　銀行・信用金庫　信用組合・労働金庫）

資金のお使いみち（注）

運転資金　万円　設備資金　万円

（該当する項目に○を付けてください。）

(1) 商品、材料仕入　(2) 買掛、手形決済　(3) 諸経費支払　(4) その他

(1) 店舗・工場　(2) 土地　(3) 機械設備　(4) 車両　(5) その他

当公庫とのお取引　有・無

A群：1 公庫　2 商工会議所・商工会　3 生衛組合・指導センター　4 金融機関　5 税理士　6 取引先、同業者、（元）勤務先　7 中小企業支援センター　8 地方公共団体　9 その他

B群：1 口コミ　2 ホームページ　3 相談会　4 セミナー、イベント　5 会報誌、広報誌、メールマガジン　6 新聞、雑誌等のメディア

携帯電話	お申込人・代表者	（　）-（　）-（　）
	上記以外の方［　］	（　）-（　）-（　）
メールアドレス	＠	

□ 上記メールアドレスに「事業者サポートマガジン」のメール配信を希望します。

創業年月	明・大・昭・平・令　年　月　創業・創業予定（個人で創業された後、法人を設立された方は、個人で創業された年月）
業種	従業員数（家族従業員を含みます。）　人

お申込人または法人代表者の方のご家族

続柄	お名前	年齢	ご職業・学年
	フリガナ		
	フリガナ		
	フリガナ		
	フリガナ		
	フリガナ		

「事業者サポートマガジン」の登録上の注意事項（https://www.jfc.go.jp/n/service/pdf/mail_magazine_notice.pdf を参照）に同意したうえで、□に✓印をお付けください。

（注）原則として、他の金融機関の借入金のお借替えにはご利用いただけません。

担保・保証の条件をご選択ください。

A・B・C いずれかのチェック欄□に✓印をお付けください。

また、法人のお客さまで法人代表者の方が連帯保証を希望されない場合は D のチェック欄□に✓印をお付けください。

（選択された内容により、適用される利率が異なります。）

他にも無担保・無保証人の制度はございますので、くわしくは、公庫の窓口までお問い合わせください。

A　新型コロナウイルス感染症特別貸付（注1）（注2）〈法人：無担保・代表者保証（原則）　個人：無担保・無保証人（原則）〉　チェック欄□

新型コロナウイルス感染症特別貸付以外

B　担保の提供を希望しない。

新たに事業を始める方　税務申告を2期終えていない方　新創業融資制度（注2）〈無担保・無保証人（原則）〉　チェック欄□

税務申告を2期以上行っている方　担保を不要とする融資（注3）〈法人：無担保・代表者保証（原則）　個人：無担保・無保証人（原則）〉　チェック欄□

C　不動産等の担保の提供などを希望する。・（根）抵当権の設定等の手続きが必要です。　チェック欄□

D　法人代表者の方の連帯保証を不要とする制度（「経営者保証免除特例制度」等）を希望する。（注4）　チェック欄□

（注1）生活衛生新型コロナウイルス感染症特別貸付も同様の取扱いです。

（注2）ご利用には一定の要件に該当することが必要です。くわしくは、支店の窓口までお問い合わせください。

（注3）これまでの事業実績や事業内容を確認するほか、所得税等を原則として完納していることを確認させていただきます。

（注4）原則として、法人・個人の一体性の解消が図られていること、財務状況における一定の要件を満たすことなどの要件がございます。また、当該制度を適用する場合は、一定の利率が上乗せされますが、新型コロナウイルス感染症特別貸付等の一部の制度は上乗せはありません。

法人代表者の方で法人代表者の方の連帯保証を不要とする制度を希望されない場合は裏面の「連帯保証に関するご案内」を必ずお読みください。

（国民生活事業取扱）100-1102（02.06）500 オビ

（https://www.jfc.go.jp/n/service/pdf/mousikomi190701_dl.pdf）

②　創業計画書

こちらも、日本政策金融公庫の窓口でもらえますし、ホームページからダウンロードすることもできます（図表５）。

会社としての経歴や代表者の経歴、取引先等を記入しますが、融資の審査にあたっては重要な書類となりますので、適当に記載せず、じっくりしっかりと正確に記入しましょう。

ただし、この創業計画で十分にアピールすることは難しいため、別紙で資料を作成して提出するべきだと思います。

③　預金通帳のコピー（全部のページか、直近6か月～1年分が多い）

キャッシュはどの程度あるのか、融資を実行してもちゃんと返済ができそうか等を判断する材料になります。自己資金をどのように準備したのか、また普段のお金の使い方は問題がないか等を確認されます。

自己資金のつくり方や普段のお金の使い方でいえば、「コツコツ」というのがポイントです。普段から散財するような人はしっかり返済してもらえるのか疑われてしまいますし、自己資金も親からもらったり、退職金等の急に得たお金を使うより、普段からコツコツ貯めて得たお金のほうが好まれます。大きなお金の出入金がある場合には、その理由を確認されることもありますので、答え

☆ この書類は、ご面談にかかる時間を短縮するために利用させていただきます。
なお、本書類はお返しできませんので、あらかじめご了承ください。
☆ お手数ですが、可能な範囲でご記入いただき、借入申込書に添えてご提出ください。
☆ **この書類に代えて、お客さまご自身が作成された計画書をご提出いただいても結構です。**

5 従業員

常勤役員の人数（法人の方のみ）	人	従業員数（3ヵ月以上継続雇用者※）	人	（うち家族従業員） 人 （うちパート従業員） 人

※ 創業に際して、3ヵ月以上継続雇用を予定している従業員数を記入してください。

6 お借入の状況（法人の場合、代表者の方のお借入）

お借入先名	お使いみち	お借入残高	年間返済額
	□事業 □住宅 □車 □教育 □カード □その他	万円	万円
	□事業 □住宅 □車 □教育 □カード □その他	万円	万円
	□事業 □住宅 □車 □教育 □カード □その他	万円	万円

7 必要な資金と調達方法

必要な資金		見積先	金額	調達の方法	金額
設備資金	店舗、工場、機械、車両など （内訳）		万円	自己資金	万円
				親、兄弟、知人、友人等からの借入 （内訳・返済方法）	万円
				日本政策金融公庫 国民生活事業からの借入	万円
				他の金融機関等からの借入 （内訳・返済方法）	万円
運転資金	商品仕入、経費支払資金など （内訳）		万円		
合計			万円	合計	万円

8 事業の見通し（月平均）

		創業当初	1年後又は軌道に乗った後（ 年 月頃）	売上高、売上原価（仕入高）、経費を計算された根拠をご記入ください。
売上高①		万円	万円	
売上原価②（仕入高）		万円	万円	
経費	人件費（注）	万円	万円	
	家賃	万円	万円	
	支払利息	万円	万円	
	その他	万円	万円	
	合計③	万円	万円	
利益 ①－②－③		万円	万円	（注）個人営業の場合、事業主分は含めません。

9 自由記述欄（追加でアピールしたいこと、事業を行ううえでの悩み、欲しいアドバイス等）

ほかに参考となる資料がございましたら、併せてご提出ください。

（日本政策金融公庫 国民生活事業）

（https://www.jfc.go.jp/n/service/pdf/kaigyou00_190507b.pdf）

〔図表５　創業計画書〕

創　業　計　画　書

〔令和　　年　　月　　日作成〕

お名前

1　創業の動機（創業されるのは、どのような目的、動機からですか。）

	公庫処理欄

2　経営者の略歴等（略歴については、勤務先名だけではなく、担当業務や役職、身につけた技能等についても記載してください。）

年　月	内　容	公庫処理欄
過去の事業経験	□事業を経営していたことはない。 □事業を経営していたことがあり、現在もその事業を続けている。 （⇒事業内容：　　　） □事業を経営していたことがあるが、既にその事業をやめている。 （⇒やめた時期：　　年　　月）	
取得資格	□特になし　□有（　　　　番号等　　　）	
知的財産権等	□特になし　□有（　　　　□申請中　□登録済）	

3　取扱商品・サービス

取扱商品・サービスの内容	①　　（売上シェア　　％）	
	②　　（売上シェア　　％）	
	③　　（売上シェア　　％）	
セールスポイント		公庫処理欄
販売ターゲット・販売戦略		
競合・市場など企業を取り巻く状況		

4　取引先・取引関係等

	フリガナ 取引先名 （所在地等（市区町村））	シェア	掛取引の割合	回収・支払の条件	公庫処理欄
販売先	（　　　）	％	％	日〆　　日回収	
	（　　　）	％	％	日〆　　日回収	
	ほか　　社	％	％	日〆　　日回収	
仕入先	（　　　）	％	％	日〆　　日支払	
	（　　　）	％	％	日〆　　日支払	
	ほか　　社	％	％	日〆　　日支払	
外注先	（　　　）	％	％	日〆　　日支払	
	ほか　　社	％	％	日〆　　日支払	

人件費の支払　　日〆　　日支払（ボーナスの支給月　　月、　　月）

られるようにしておくとよいでしょう。

④ 会社の登記簿謄本（3か月以内の履歴事項全部証明書）

個人事業主の場合は不要ですが、法人の場合は必要です。法務局というところで取得できます。

3か月以内のものが必要となりますので、現在手元にある場合には、発行日をしっかりと確認したうえで用意するようにしましょう。

少しだけ期限が過ぎてるような場合には、そのまま提出しようとせずに、しっかりと新しく取得をしましょう。

細かいところですが、雑だと思われないように細心の注意を払いながら準備をしていくようにしたほうがよいでしょう。

⑤ 2期分の確定申告書（決算書）一式

顧問税理士さんがついている場合は、税理士さんに確認して用意してもらうようにしましょう。

2期分がまだ終わっていない場合は、ある分だけ用意すれば問題ありません。社長さんの中には、いつも税理士さんや経理の担当者に任せっきりで、自社の決算書の内容についてよく理解していないという方もいらっしゃいます。そのような方は、必ず事前に目を通し、わからないことがあれば解決しておくようにしましょう。

⑥　見積書（設備投資がある場合）

設備投資の資金として融資を受けたい、という場合に必要となるものになります。

1社だけではなく、複数社分の見積をもらうようにしましょう。

数社を比較して、いくらくらいになるのか、比較検討したということがアピールになります。

⑦　不動産の賃貸借契約書のコピー（全部のページ）

現在の借りているところの賃貸借契約書のことです。いつから借りているのか、使用目的はなにか、家賃はどれくらいなのかを審査担当者は確認することが多いようです。

⑧　資金繰り表

どのように資金繰りをしていくのかを表にまとめたものになります（図表6）。こちらも、日本政策金融公庫の窓口でもらえますし、ホームページからダウンロードすることもできます。

毎月どれくらいの利益がでて、どれくらいの返済があるから最終的にいくら残るのか等について記載していく書類になります。

〔図表6　資金繰り表〕

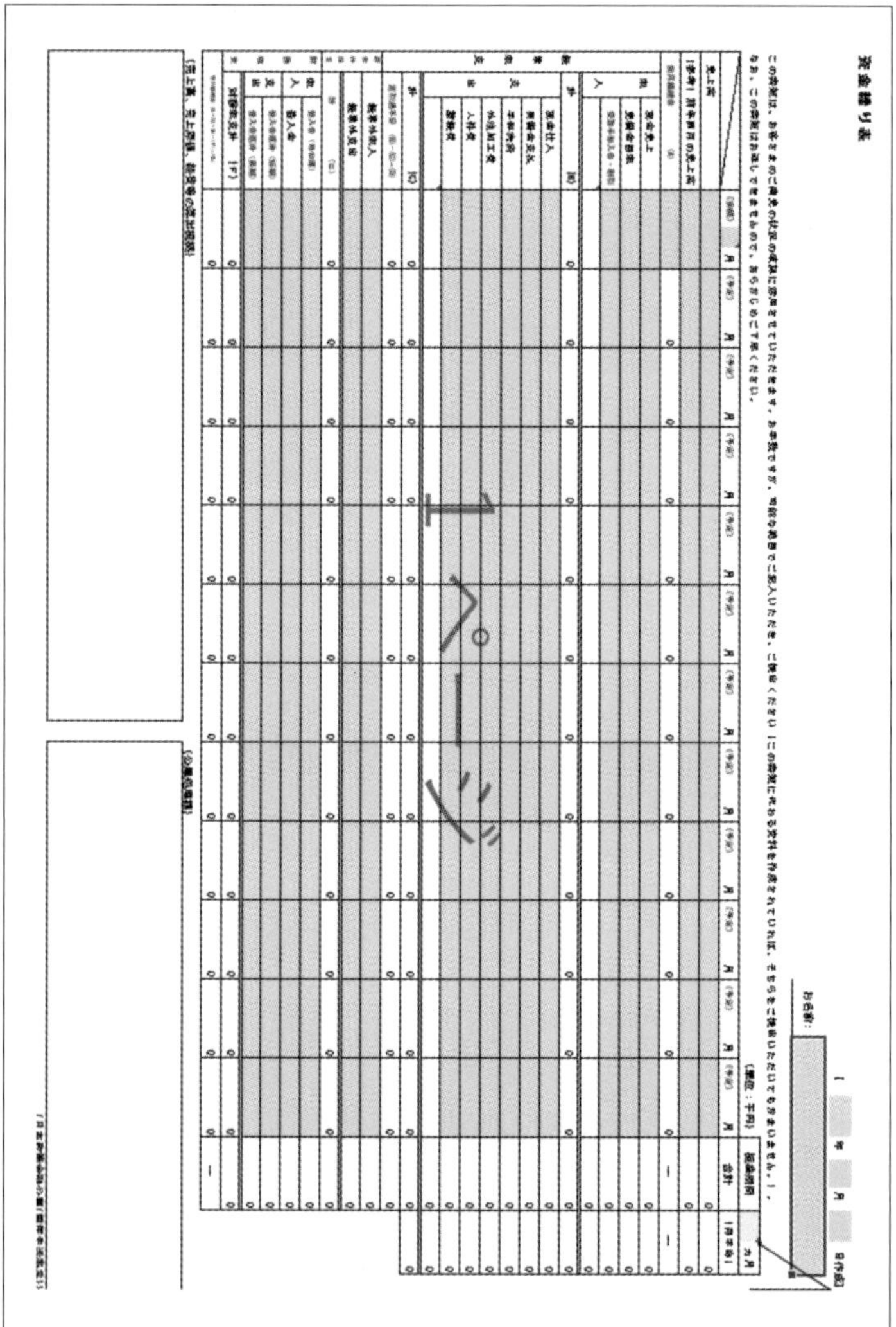
資金繰り表
お名前:
（単位：千円）
合計
売上高
現金売上
売掛金回収
現金仕入
買掛金支払
手形決済
外注加工費
人件費
諸経費
経常外収入
経常外支出
借入金
1ページ

⑨　月別収支計画書

月別収支計画書とは、事業計画書に紐づけて作成・提出をする書類です。

創業計画書には、創業当初と1年後又は軌道に乗った後の収支関係を記載する箇所があり、そことの整合性があるのかどうかを見られます。

資金繰り表と似たような書類ですが、費用や売上に関しても種類や商品ごとに分類して具体的な数字を記載したほうが説得力が増しますので、資金繰り表ですべてを書き切ろうと思わず、細かい収支計画については別途具体的に月別収支計画書を作成することをおすすめします。記載すべき項目については、それぞれの事業によって変わってくるはずです。どんな項目を記載すべきかわからなければ、思いつく限りを書き出して、それらを種類別に分類してみるとよいと思います。

⑩　許認可証のコピー（許認可が必要な場合）

許認可が必要な事業をしている方が必要となる書類になります。例えば、飲食業の営業許可証などです。

無許可営業しているところは、そもそも違法営業なので、融資以前の問題になります。

すでに事業をしている方は必要な許認可は当然わかっているかと思いますが、これから創業する場合には念のため再度確認するようにしましょう。

⑪ 代表者の顔写真付きの身分証のコピー（運転免許証・パスポート等）

運転免許証やパスポート、マイナンバーカードなどです。持っていない場合には、保険証や年金手帳などの２種類の確認書類が必要となることが多いです。

⑫ 印鑑証明書（法人のもの）

法務局に、印鑑カードをもっていくと取得することができます。

⑬ 水道光熱費の支払資料（預金通帳のコピーでわかるなら不要とされることも多い）

毎月請求が来ている場合は、その資料が必要となります。口座自動引き落としなどしている場合は、預金通帳からわかるので、不要となるケースが多いようです。

⑭ 関連会社の決算書

現在融資を受けようとしている会社以外にも、別に会社を持っている場合には、そちらの会社の決算書も必要となることがあります。提出を求められた場合に備えて準備をしておくこと、またその決算書の内容も理解しておくことを心がけましょう。

⑮　知事の推薦書（生活衛生関係の事業、５００万円超の融資）

生活衛生関係の事業や５００万円を超える融資を受けようと思っている場合には、知事の推薦書が必要となります。

生活衛生関係の事業とは、飲食店営業、喫茶店営業、食肉販売業、食鳥肉販売業、氷雪販売業、理容業、美容業、その他公衆浴場業が該当することになります。

知事の推薦書ですが、難しいと感じるかもしれませんが、日本政策金融公庫の窓口で推薦書をもらうための必要書類やもらえる場所を教えてくれますし、書類が整っている場合には、即日で推薦書を交付してくれますので、うろたえる必要はありません。

以上が基本的な提出書類となりますが、場合によっては、担当者から別の書類の提出を求められる可能性もあります。ですが、ことさら心配することはありません。

追加で書類の提出を求められた場合にも、審査が通らない証拠などということはありませんので、焦らず、言われた書類を用意すれば大丈夫です。

なお、必要な書類は下記の日本政策金融公庫のホームページでダウンロードできますので、ご参照ください。

https://www.jfc.go.jp/n/service/dl_kokumin.html

2　借入申込書の書き方

申込書の入手方法

借入申込書は、次のＵＲＬの日本政策金融公庫のホームページから簡単にダウンロードできます。
https://www.jfc.go.jp/n/service/dl_kokumin.html
また、インターネット申込をすることもできます。

申込書の記入方法

申込書を入手できたら、さっそく申込書の記入をします。
申込書は次のような書類になります。
図表7の書類に必要事項を丁寧かつ正確に記入していってください。

①申込人名

法人の場合は、「法人名と代表者名」、個人事業主の場合は、「屋号と名前」と記載して、押印をします。

〔図表７　借入申込書の記入例〕

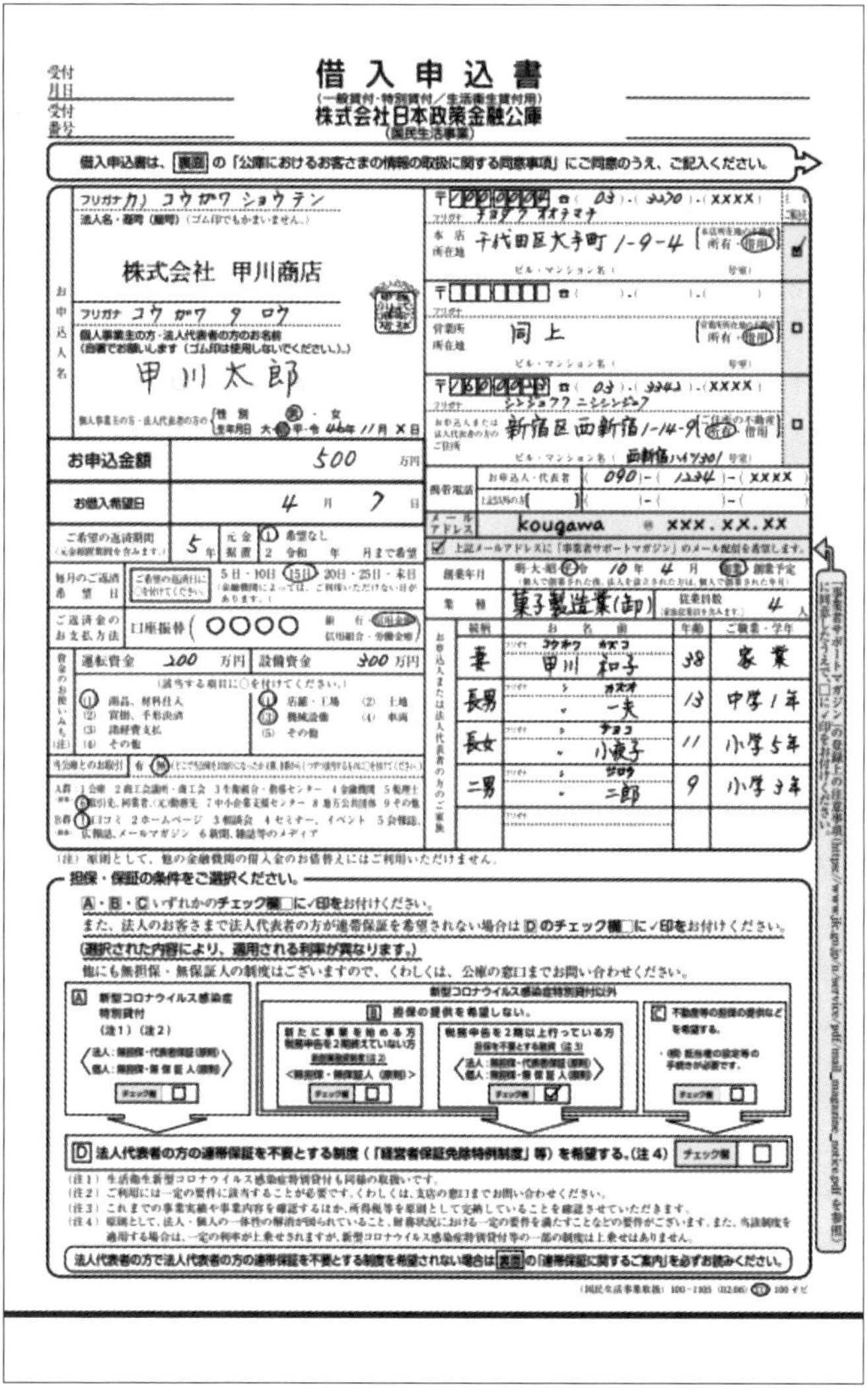

代表者名や個人事業主の方のお名前は必ず自署、つまりご本人が手書きで記載する必要があります。

また、押印は実印でなくてもＯＫですが、シャチハタやゴム印ではダメなので注意が必要です。

②申込金額

融資の希望金額を記入します。

もちろん、記載した額がそのまま融資してもらえるとは限りませんが、空欄では受け付けてもらえません。

また、いくら減額される可能性があるとはいえ、適当に高い金額を書いておけばよいというものでもありません。

返済が可能で、本当に必要な金額を記載することで、実際に融資を受けられる可能性が高まります。

はじめから説得力のある金額を記載しておくことで担当者にもよい印象を与えることができます。

ただ、妥当な金額といってもどれくらいが妥当なのかわからないという方がほとんどだと思います。

希望金額の目安になるのは「自己資金の３倍」です。

例えば、ご自身で２００万円の資金を準備しているのであれば、６００万円くらいまでが借りられる目安の金額になります。

もちろん、融資の額は自己資金の額だけで決まるわけではありません。信用情報やご本人の経験、事業計画によって額は変わってきますので、それぞれの事情にあわせて申込金額を設定するとよいでしょう。

最初にここに適切な金額を記載するのは難しいと思いますので、事業計画書や他の書類を作成して、自社の分析等もしっかりできてから決めるのがおすすめです。

③借入希望日

ここも、必ず希望日に融資をしてもらえるわけではないのですが、空欄では申込みが受け付けられないので必ず記入するようにしてください。

一般的には、申込みから1か月前後で融資が実行される場合が多いので、1か月程先の日付を書いておけばよいでしょう。

④返済期間・据置期間

申し込む融資によって上限が決まっているものになりますので、まずはそれを確認してその範囲内で記載するようにします。

返済期間は、一般的に運転資金でしたら5年、設備資金でしたら10年というケースが多いです。

据置期間も上限が決まっているので、その範囲内で記載します。３か月から６か月が多いです。

⑤資金使途・申し込みの経緯

当てはまるものに○をつけるだけでOKです。

⑥住所・連絡先

法人の場合は、1段目と3段目、個人事業主なら2段目と3段目に記載することになります（ただ、法人で本店と代表者の自宅以外に拠点がある場合には、2段目の記載も必要です）。

主な連絡先についてもチェックをいれておくのも忘れないようにしましょう。これは、どこに連絡をしてほしいかということなので、希望のところにチェックをいれるだけで大丈夫です。

⑦創業年月

これは、法人で申し込む場合に、法人を設立するまえに個人事業主として事業を営んでいた場合には、個人事業主としての創業年月を記載しなければならないので注意が必要です。

⑧業種

事業計画書等も提出しますので、業種については、簡単な記載でOKですが、上記見本のように、「製造業」ではなく、「菓子製造業（卸）」のように具体的に記載しておくとスムーズです。

⑨従業員数

従業員数は自分以外の従業員の数を記載します。

⑩家族構成

生計が同じ家族について記載します。

⑪担保・保証

担保や連帯保証を免除するのかどうかです。

ただ、条件がありますので、希望しても希望通り免除にならない可能性もあります。

3　事業計画書の書き方

必ず自分でつくること

まず、初めにおさえておいてほしいポイントが、「事業計画書の作成を第三者に丸投げしてはいけない」ということです。

事業計画書が融資において最も重要な書類と言っても過言でないからです。

当たり前のことですが、これまで行ってきた事業のことも今後目指す方針も、一番よく知っているのは経営者です。ですから、事業計画書をつくる際に第三者に丸投げしてはいけません。

もちろん、社長は事業計画書を作成するプロではありませんし、融資のこともよく知らないのでプロに任せたいと思う方も多いでしょう。そうした場合には、専門家にサポートを依頼することも悪いことではありません。

ですが、必ずご自身の意見が反映されるように、時間をかけて相談をして事業計画書をつくっていくようにしてください。

日本政策金融公庫側の立場になって考えてみる

日本政策金融公庫は、新規産業を生み出して、育成することを業務の柱にしています。これは、他の金融機関より更に創業時の会社に寄り添う姿勢があるということです。

言い方を変えれば、日本政策金融公庫側も「できれば融資してあげたい」と考えているということです。融資にあたっては日本政策金融公庫の担当者と面談を行う必要があるのですが、担当者が、将来性の見込める新しい会社に融資をして、きちっと融資額の回収することができれば、日本政策金融公庫の担当者としても金融マン冥利に尽きるというものです。

その反面、融資した金額が回収できないとなると、大変なことになりますから、融資担当者に安心して融資をしてもらえるような説得力のある内容で作成をしないといけません。

また、なるだけ客観的に自社をみつめて作成することをおすすめします。計画書だからといって実現不可能な内容を盛り込んでしまっては、間違いなく突っ込まれてしまい、その突っ込みに対応できないと計画性がないとの判断を受けてしまうこともあります。

決して大風呂敷を広げる必要ないのです。実現可能な範囲でできるだけ客観的に考え、日本政策金融公庫側からの指摘に対しては明確に回答できる内容にしましょう。

オリジナルの創業計画書をつくるために書式も自社で作成する

日本政策金融公庫のＨＰには、創業計画書の雛形がダウンロードできるようになっています。ただこの雛形は、一度見ていただくとわかる通り、記入スペースが非常に小さく、自社をアピールする文章を書くことができません。

自社の情報やアピールポイントは非常に重要な項目になりますので、日本政策金融公庫のＨＰにある雛形はあくまで参考として活用し、自社オリジナルの雛形を作成して使用するほうがよいと思います。

オリジナルの書式とすることで、日本政策金融公庫所定のひな形に囚われず、アピールポイントを組み込むことができ、より伝わりやすい創業計画書をつくることができるはずです。

補足する資料は必ずつける

創業計画書には自社の概要や、事業内容などとともに、きちんと返済ができることを立証しないといけません。そのため、その証明として「資金繰り表」を一緒に提出して、日本政策金融公庫の担当者に安心してもらうことが必要です。

また「市場調査の報告書」や「損益計算書」などをつけることも融資を受ける際に効果的です。「市場調査の報告書」とは自社の業界における立ち位置はどうなのか？　簡単いうと同業他社と比べて、自社の優位な点はなにかを市場調査の結果を元に、日本政策金融公庫の担当者にアピールするものになります。

また「損益計算書」は、仮に事業をした場合に、毎月いくらの売上になって、いくらの経費がかかり、利益はどれくらいになるのかをまとめた表になります。

決算書がない以上あくまで予測になりますが、どれくらいの規模の売上や利益になるのかを予測して、日本政策金融公庫に伝えることで、事業計画書自体の説得力が増します。

他にも事業計画書の内容を補足するような資料、例えば写真やカタログなども用意することが望ましいです。事業計画書の中身も当然大切ですが、担当者がイメージできるようにするというのも大切なポイントです。

事業計画書を客観的に分析し、必要だと思われる資料は手間を惜しまずつけるようにしましょう。

自分で説明できるようにしておく

融資にあたっては担当者との面接があります。その際に作成した創業計画について自分で説明できるようにしたり、担当者からの質問には答えられるようにしておくことが重要です。そのため、あまり飛躍した内容ではなく、実現性のある内容で事業計画書を作成し、自分の頭の中に内容を整理しておく必要があります。

プロに依頼したときは、きちんと自分の意見が反映された事業計画書を作成してもらった場合にも、必ず事前によく読み、疑問点等があれば事前に相談をして、ご自身の意見との相違がないか、説明できない部分がないか等、準備をしておくようにしましょう。

事業計画書に書くべき項目

事業計画書に書くべき項目は融資を受けた後の事業成功へのストーリーです。今の状況から目指す成功までのストーリーを意識しながら、各項目を考えていってください。

①経営理念やビジョン

事業計画書をつくる上でまず考えてほしいのが経営理念です。経営理念とは、社長がその事業を通じて実現したい夢です。

そんなもの決めなくても経営はできるし必要ないと思うかもしれませんが、経営理念を決めることで、今後の事業を考えていく上での判断基準になり、軸のぶれない事業計画書をつくることができます。

自分の頭や心の中にある事業への情熱を言葉にして表現することで公庫の担当者にもより具体的に事業への思いを伝えることができます。

②事業の概要

誰に対して（ターゲット）何を（商品）どのように（販売方法）売るのか、それを明確に、そして端的に示すことが大切です。意外と忘れがちなのが、端的に、というポイントです。

担当者の理解を深めるためには、まずは端的に説明することが大切です。端的に説明するためには誤解を生まないように気をつける必要がありますので、第三者の意見も参考にしながら記載するとよいでしょう。

③経験、経歴、実績

これらは事業を成功させることができるということを示す根拠となります。特に創業融資の場合は事業としての実績がありませんので、経営者個人の経験や実績がとても重要になります。

今後の事業に関連する業界での職務経験だけでなく、今後の業務に必要なスキルにつながることであれば、記載するとよいでしょう。

また、ここはとても重要なポイントですので、できるだけ具体的に書いていくのがおすすめです。

④ターゲットや市場

ターゲットを絞り込むことは事業を成功させるための重要なポイントです。そのため、事業計画書でここに触れられていなければ、計画性のない経営者だと判断されかねません。

例えば、ラーメン屋を開業するとしても、ターゲットを「一般消費者」等とあいまいな表現では不十分です。

ターゲットはどの地域なのか、年齢はどのくらいか、男性なのか女性なのか、どんな職業の人か、ライフスタイルや趣味はどんなか、所得水準はどのくらいか等、細かく分けて考えていくとよいでしょう。

もしターゲットを絞り込むのが難しい場合には自分の周りの人でその商品を買ってほしい人を１人選んで、その人について分析していくというのもよい方法です。ターゲットを絞り込むことで、その後のマーケティングや商品開発にもつながっていきます。また、ターゲットや市場については、次の自社の商品やサービスという項目と整合性があるかにも注意する必要があります。

⑤商品やサービス

メインの商品3つほどを詳しく説明します。商品名はもちろん、その特徴や価格についても言及します。

例えば、商品がラーメンだとしたら、どんなラーメンなのか、ほかの店とはどこがちがうのかを明確にした商品やサービスの説明をします。

競合他社がいるのであれば、比較しながら考えていくとよいでしょう。

⑥自社の強みと弱み

これは自分や自分の会社のことをどれだけ分析できているかということを示す項目になります。自身のことを客観的に分析できることは事業を実現することのできる能力があると判断してもらえます。

そして、その強みをどうやって生かし、逆に弱みはどうやって解消もしくはカバーしていくのかまで考え、事業計画書の中に組み込むようにしてください。

⑦競合分析

同じような事業を行っている競合をいくつかピックアップして、商品の質や価格、販売戦略等、様々な項目に分けて分析します。
これも利益を伸ばし、事業を成功させるうえで重要なことであり、それができていることは事業計画書の実現性、妥当性を示すポイントとなります。

⑧マーケティング計画

いくら商品がよくても、それを知ってもらえなければ事業を成功させることはできません。これまでの項目で分析した内容等も参考に、いかにターゲットに自社の商品を知ってもらうのか、そして買いたいと思わせるのかを説明します。

創業計画書の場合は特に創業の動機や経歴を重点的に！

創業計画書であっても、すでに事業を始めている人の事業計画書であっても基本的な考え方や記載する項目は同じです。ただ、すでに事業をはじめていて実績がある人の場合は、これまでの実績を分析し、それをどう生かすのかを説明していくべきところ、創業時の場合はそのもととなる実績がありません。

ですから、創業計画書の場合には、個人が創業するに至った経緯や動機、経験等がとても大切になってきます。

創業者であってもそうでなくても、時間をかけて自己分析をして、客観的に実現可能な事業計画書にすることを心がけることが、融資の審査に通る事業計画書をつくることになります。

創業後の場合には過去の数字の説明が大切！

創業から時間がたっているような場合には、すでに事業として結果がでているはずです。

その結果について、売上が下がった時期があるのであれば、そこについて説明したり、今後売上が上がる予想を立てているのであれば、どのような点がこれまでと異なるのかについて具体的に説明しておく必要があります。

4　資金繰り表の書き方

資金繰り表は必須書類ではない

日本政策金融公庫に創業融資を申し込む際の必須書類は、①借入申込書と②創業計画書です。

ただ、日本政策金融公庫の書類をダウンロードするページをみてみると、その他にもたくさんの書類が記載されています。

これらの書類は必須書類ではなく、提出しなければ申し込みが受け付けられないものではない、任意の書類になります。それでも、資金繰り表は提出したほうがよいです！

なぜなら、これらの書類を提出することで、審査が有利に働くことがあるからです。

満額融資を受けたいと思うのであれば、必ず作成して提出するようにしましょう。

資金繰り表のフォーマット

資金繰り表のフォーマットは日本政策金融公庫のページでダウンロードできます。

https://www.jfc.go.jp/n/service/dl_kokumin.html
このフォーマットを見ていただければわかりますが、資金繰り表とは損益計算書のような書類です。

資金繰り表のフォーマットは日本政策金融公庫のページからダウンロードできますが、この用紙を使わなければいけないという決まりはありませんので、損益計算書と合わせて独自で作成するとよいでしょう。

エクセルで独自に作成したものでも問題ありません。

資金繰り表の書き方

資金繰り表は半年から1年ほどの予定を書くようにします。

図表8は日本政策金融公庫の記載例です。

〔図表８　資金繰り表の記入例〕

資金繰り表

記入例

〔平成　　年　　月　　日作成〕

お名前：

この書類は、お客さまのご商売の状況の確認に活用させていただきます。お手数ですが、可能
（この書類に代わる資料を作成されていれば、そちらをご提出いただいてもかまいません。）。
なお、この書類はお返しできませんので、あらかじめご了承ください。

			[実績] 8 月	[予定] 9 月	[illegible] 月	[予定] 11 月		
売上高			47,981	[illegible]	45,000	46,000		
(参考) 前年同月の売上高			35,967	37,905	[illegible]	[illegible]		
前月繰越金 (A)			[illegible]	38,468	49,643	38,484		
経常収支	収入	現金売上	0	0	0	0		
		売掛金回収	40,233	51,000	43,200	33,300		
		受取手形入金・割引	6,000	[illegible]	4,400	5,000		
	計 (B)		46,233	55,100	47,600	38,300		
	支出	現金仕入	0	0	0	0		
		買掛金支払	5,321	5,584	5,000	5,000		
		手形決済	11,491	21,941	21,459	12,542		
		外注加工費	13,800	[illegible]	[illegible]	[illegible]		
		人件費	8,500	8,500	8,500	8,500		
		諸経費	6,500	6,500	6,500	6,500		
	計 (C)		45,612	56,925	56,459	46,042		
	差引過不足 (B)-(C)=(D)		621	△ 1,825	△ 8,859	△ 7,742		
財務収支	収入	借入金（当公庫）	0	15,000	0	0		
		借入金	0	0	0	0		
	支出	借入金返済（短期）	0	0	[illegible]	[illegible]		
		借入金返済（長期）	2,000	2,000	2,300	2,300		
	財務収支計 (E)		△ 2,000	13,000	△ 2,300	△ 2,300		
翌月繰越金 (A)+(D)+(E)=(F)			38,468	49,643	38,484	28,442		

【手順①】
確定している分、過去の実績や季節性等を考慮し、「予測売上高」を記入します。参考として前年の同月の売上高と比較をしながら記入をします。

【手順②】
「決算書」、「試算表」、「総勘定元帳」等を確認して、期首の残高を記入します。
個人のお客さまの場合は、期首の預金通帳の残高等を記入します。

【手順③】
前月の実績の金額を記入していただき、それ以降の予測売上に対する予測回収金額を月次単位で記入します。

【手順④】
前月の実績の金額を記入していただき、それ以降の予測仕入、外注費等の予測支出金額をを月次で記入します。

【手順⑤】
返済予定表等から借入予定金額、支払予定金額を記入します。新規で借入する予定分の支払金額についても記入します。

（公庫処理欄）

（日本政策金融公庫（国民生活事業））

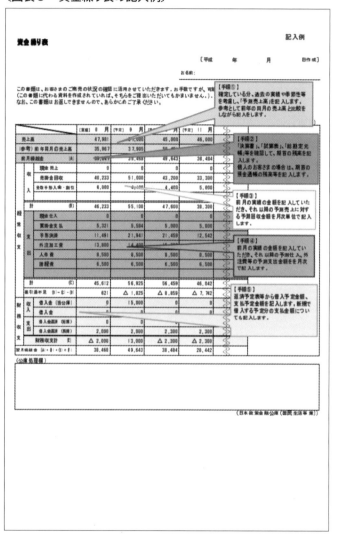

図表8のように、作成したフォーマットに、売上高や経費、返済金等の月々の収支について予定を記入していきます。

創業融資を希望しているのだから実績なんてないので、どのくらいの数字を記載していいのかわからないという声も聞きますが、これまでの経験等から数値を割り出して返済ができることを示す資金繰り表を作成しましょう。

例えば、個人事業主から会社に変えたタイミングでの借り入れ申し込みなら、これまでの個人事業主としての経験値から数字を割り出せばよいですし、まったく初めて事業を始めるという場合にも、これまで同業者で働いた経験等から資金繰り表を作成していきます。

例えば、飲食店であれば、客単価がいくらで、何席あるお店で何回転させるのかを考えて、売上を計算していきます。

また、そのときにどれだけの人件費や材料費がかかって、利益はどれくらいが見込めるのか、そういったことも1つひとつ予測を記載していきます。

資金繰り表には現実的な数字を！

審査を有利にするために資金繰り表を作成しましょうというと、どのくらいの数字を書けばいいですか？　と質問されることがあります。

答えは、「現実的な数字」です。

資金繰り表は融資を受けるために、「これくらいの利益が出せるから返済が十分に可能ですよ」と示すために提出する書類です。

ですから、できるだけ利益が大きくなるようにつくればいいのではないか思う方もいらっしゃいますが、そうではありません。

どうしてそれくらいの利益がでると思っているのか、具体的に説明できなければ意味がありません。

毎月いくら返済しないといけないから○○万円の利益が出るようにしよう。その場合、売上はいくら必要だなと考えていくのでは不十分です。

先ほどの飲食店の例のように、客単価がいくらぐらいになるから、○時間の営業だとこれくらいの売上が見込めるな。そのときに係る経費はいくらぐらいだから○○万円の利益がでるな。だから毎月の返済は十分に可能だ、というような根拠を示すことができる現実的な数字にしなければいけません。

経営者が自信をもって説明できるような現実的な資金繰り表を作成することができれば、自己資金や信用情報等の面においてマイナス要素があるような場合でも、審査が通る可能性が出てきます。

自社にそれをつくるだけの判断材料がない場合には、まずは市場調査等から始めてみましょう。

5　月別収支計画書の書き方

月別収支計画書とは

月別収支計画書とは、創業融資を受ける際に、創業計画書に紐づけて作成・提出をする書類となります。創業計画書には、創業当初と1年後又は軌道に乗った後の収支関係を記載する箇所があり、そことの整合性があるのかどうかを見られます。

1年後又は軌道に乗った後には、1年程度後を軌道に乗った後とするのがよいでしょう。２期目以降も赤字となる事業計画だと、融資担当者は本当に大丈夫なのかと感じられてしまいます。

月別収支計画書のダウンロードは左記からできます。

記入例もありますので、あわせて参考にするとよいでしょう。

月別収支計画書

https://www.jfc.go.jp/n/service/dl_kokumin.html

月別収支計画書の書き方

月別収支計画書は、図表９の項目で書き方が分かれています。

〔図表９　月別収支計画書の記入項目〕

①	売上高
②	売上原価（仕入高）
③	経費
④	利益
⑤	借入金返済額
⑥	売上高、売上原価、経費の算出根拠
⑦	売上高達成に向けた具体的な取り組み
⑧	計画した売上高を下回った場合の資金繰り・資金調達方法

それでは具体的に見ていきましょう。

①　売上高

売上高の算出方法ですが、基本的には業種に関わらず、単価×数量となるものと思います。

例えば飲食店の場合では、次の計算式になると思います。

客単価×座席数×1日の回転数×月の営業日数

製造業の場合ですと次の計算式となると思います。

平均製品単価×月の見込み販売数

これらは業種にあわせて、基本的な計算式から具体化していくように考えるとよいものと思います。

ポイントとしては、達成できることを合理的に説明できるようにすることです。融資の担当者は、ものすごい高収益の計画を求めているわけではありません。なぜならば、達成できなければそれは「絵に描いた餅」と同じ意味だからです。

そうはいっても、というところでもありますので、左記の経営指標を参考にして考えるとよいでしょう。
中小企業の経営等に関する調査
https://www.jfc.go.jp/n/findings/sme_findings2.html#tyousa
　これは、日本政策金融公庫がホームページ上に公開しているデータになります。日本政策金融公庫から融資を受けている企業の財務情報を分析して出している平均値の資料となります。
　日本政策金融公庫の融資担当者も、このデータと比較して、売上計画がよすぎていないか、逆に悪すぎていないかをチェックしています。
　かなり細かい指標も確認することができ、例えば飲食店・宿泊業の箇所を確認してみると、従業者１人あたり売上高や、店舗面積３・３ｍあたりの売上高など参考にできる数値も載っていますので確認しながら計画を立ててみましょう。

②　売上原価（仕入高）

　売上原価とは、販売する商品の仕入価格や原材料の価格のことになります。

　これは、業種や業態によって様々だと思いますので、ざっくり業界平均値を記載しておけばよいでしょう。業界平均値は、左記の日本政策金融公庫のホームページに載っている経営指標で調べることでよいでしょう。

ただ、売上原価についても商品の種類等によって分類して記載できるとよりよいです。

中小企業の経営等に関する調査
https://www.jfc.go.jp/n/findings/sme_findings2.html#tyousa
原価率は、「100 - 売上高総利益率」で計算ができます。

例えば、2018年8月掲載の飲食店・宿泊業を確認してみると、売上高総利益率は68・1%となっています。

これを計算式に当てはめると、「100－68・1＝31・9%」となり、原価率の平均は31・9%となります。

融資担当者は、原価率や経費は、業界平均値をかなりの確率で重視していますので、それよりも低い原価率で設定すると、信用できない・楽観的などの評価を受けてしまいますので、注意しましょう。

③ **経費**

日本政策金融公庫の月別収支計画書の経費の箇所には、人件費や家賃、支払利息で、あとはその他でまとめられてしまっています。ですので、経費については、もう少し細かくした資金繰り表や

〔図表10　確認したい経営指標の数値〕

・売上高営業利益率計算式： １００－（売上原価＋利息を除いた経費）÷売上高
・人件費対売上比率計算式： （給料＋法定福利費）÷売上高
・諸経費対売上高比率計算式： 給料・法定福利費・利息を除いた経費÷売上高

経費詳細などを別紙でつけることをおすすめいたします。

売上に応じて売上原価もあがってくる変動費や、人件費や家賃のように売上があがってもあまりかわらない固定費にわけることができるものと思います。

例えば、飲食店の場合の変動費は次のものがあります。

・繁忙期の水道光熱費
・繁忙期に対応するためのアルバイト・パート代やその交通費
・消耗品費
・広告宣伝費

そして、固定費とは次のものがあります。

・家賃
・開店するための最低限の人件費や交通費、法定福利費
・水道光熱費

経費の数値をもろもろ出してきましたら、必ず日本政策金融公庫のホームページに公開している経営指標と比較し

て数値を確認しましょう。確認する項目としては図表10になります。

中小企業の経営等に関する調査

https://www.jfc.go.jp/n/findings/sme_findings2.html#tyousa

④ 利益

いくらキャッシュが残るのかを表す数値になります。儲かった数値といっても大丈夫です。1番重要な箇所になります。

融資担当者は、ここをみて返済能力が大丈夫なのかを判断していきます。

利益の確認ポイントとしては、利益から、税金や融資の返済・個人事業主なら経営者の生活費を支払うことになりますので、これらが支払えるような数値になっていなければなりません。

現在の法人税率は約40％になりますので、利益－40％＋減価償却費で、税金を引いた後の手元に残るキャッシュを算出することができます。

減価償却費とは、金額の高い設備費などで購入した金額を、購入した年に一気に経費として計上せず、耐用年数に応じて分割して、1年ずつ計上していくものになります。

目標水準としては下記のように、左側が右側を少し上回る形を目指していきましょう。創業当初では上回ることは必須ではありませんが、軌道に乗った後には必ず上回っていないと融資は厳しいといえるでしょう。

・個人事業主

目標水準：毎月の利益×０・６＋毎月の減価償却費＞毎月の経営者個人（扶養家族含む）の生活費＋毎月の返済

・法人

目標水準：毎月の利益×０・６＋毎月の減価償却費＞毎月の返済

⑤　借入金返済額

これは、日本政策金融公庫や民間の金融機関からの融資の元金を記入していきます。元金据え置きなどしていて元金の返済がない場合には、ゼロと記載していきましょう。

⑥　売上高、売上原価、経費の算出根拠

いままで、算出してきたものの根拠を、創業当初と軌道に乗った後に分けて記載していきます。枠が小さいので、詳細は別紙参照として、代表的な項目を記載すれば大丈夫です。

表の中では算出した数値しか記載しませんので、それをどのように算出したのか等の計算式を書いていく形になります。

⑦ 売上高達成に向けた具体的な取り組み

集客方法や時期について記載していきましょう。

ホームページ・SNSなどで広告していく、などを記載していくことが多いと思います。

広告の取り組みとしては、創業前や創業時より、などと記載していくことが多いと思います。

⑧ 計画した売上高を下回った場合の資金繰り・資金調達方法

融資担当者の本音としては、「貸したものを返済できるなら貸してあげますよ」というものです。なので、もしこの計画通りにいかなかった場合はどうすんの？　ということが聞きたいわけです。

なので、書き方としては次のものが多いのではないかと思います。

- 創業にかかる自己資金とは別に貯蓄している預金で赤字を補填する。
- 配偶者や両親などの親族が補填する。

6　企業概要書の書き方

企業概要書とは

企業概要書とは、日本政策金融公庫から初めて融資を受ける際に作成する書類になります。

〔図表 11　企業概要書の記入項目〕

⑨	企業の沿革・経営者の略歴等
⑩	従業員
⑪	関連企業
⑫	借入の状況
⑬	取扱商品・サービス
⑭	取引先・取引関係等

創業計画書を提出する方は不要なものとなりますので、両方作成することは、意味がありませんのでやめたほうがよいでしょう（創業計画書には企業概要書に記載する内容が網羅されております）。

つまり、すでに事業を始めていて、決算を１期でも終えている方が初めて日本政策金融公庫から融資を受けたい場合には作成・提出する書類が、企業概要書になります。

企業概要書のダウンロードは左記からできます。記入例もありますので、あわせて参考にするとよいでしょう。

https://www.jfc.go.jp/n/service/dl_kokumin.html

企業概要書の書き方

企業概要書は、図表11の項目で書き方がわかれています。それでは具体的に見ていきましょう。

①　企業の沿革・経営者の略歴等

この項目は企業概要書の中でも最初の項目であり、日本政策金融公庫の担当者にとっては企業の顔とでも言える部分にありますので、見やすく簡潔に記入することを心がけつつも、アピールポイントを組み込んでいきます。

・企業の沿革の箇所

会社の設立や支店を開設した時期などを記載していき、会社の実績がアピールできるように記載していくとよいでしょう。支店を開設していなくとも、例えば月商売上〇〇万円達成！　などでも構いません。会社が少しずつでも成長していることがアピールできることが大切です。

・経営者の略歴

会社を経営している経営者の略歴を記載していきます。ここでのポイントは、経営者としての実績や、会社員時代の実績をアピールすることを意識していきましょう。アピールできる学歴もあれば記載したほうがよいでしょう。

経営している事業に関係するような資格があるならば、その資格も記載していきましょう。

・過去の事業経験

事業経験の有無を、該当する箇所にチェックを入れていきましょう。

・取得資格

事業に関わる資格を持っている場合には、資格の名前を記載していきましょう。例えば、美容師・調理師・整体師などです。

・実際の経営者

融資の申込者が実際の経営者であることが1番望ましくあります。

融資の担当者は、実際の経営者にはよく確認しています。なぜならば、例えば過去に破産経験があり、自分自身で融資を申し込むのが厳しいとみて、配偶者（妻や夫）を会社の代表者にして融資を申し込んだりすることがあるのです。

したがって、融資の担当者側も実際の経営者＝融資の申込者なのかを注視しています。

・後継予定者

後継者の有無にチェックをつけましょう。

・許認可等

飲食業や建設業・不動産業など、許認可が必要になる業種があります。融資を受ける前に、必要な許認可を取得していないと融資は受けられませんので、許認可が必要な業種であれば、融資の申し込み前に必ず取得しておきましょう。

・知的財産等

特許や商標など、アピールができる知的財産権がある場合には必ず記入していきましょう。

②　従業員

常勤役員の人数や3か月以上雇用している従業員数を正確に記入していきましょう。

融資を申し込む際に、確定申告書一式を提出することになりますが、その中に法人事業概況説明書というものがあります。この書類と、企業概要書に記載した人数に大きなズレがあると印象が悪くなりますので、正確に記入していきましょう。

人件費は事業をしていくうえでの1番の固定費となります。融資の担当者は会社の規模や固定費をおおまかに予測するために、従業員数を記載する箇所を設けているのです。

③　関連企業

経営者や配偶者が経営している企業の情報を記載していきます。関連企業を記載する目的としては、迂回融資や関連企業に問題ないかどうかを確認したいためになります。

経営者がいくつか会社を経営していて、関連企業としてある場合には、関連企業とあわせて借入限度額が判断されてしまいます。

④　借入の状況

経営者個人としての借り入れ状況を記載していきます。例えば、住宅ローン・自動車ローンなどです。正確に記載していきましょう。

⑤　取扱商品・サービス

１番重要な箇所になりますので、充分にアピールしていきましょう。

・取扱商品、サービスの内容

欄が小さいので、別紙で資料を添付したり、補足説明をするとよいでしょう。飲食店なんかで、メニュー表がある場合には積極的に添付していきましょう。

・客単価（飲食・小売等）

飲食業や小売業の場合には平均客単価を、建設業などの場合には、１件ごとの平均単価を記載していきましょう。

・売上の季節変動

時期や季節によって売上に変動がある場合には、有にチェックをつけます。

どのような業態であっても、売上のピークとボトムがあるものと思いますので、ピークとボトムを記載していきます。例えば、飲食業などは歓送迎会シーズンや年末年始は売上が上がるなどの傾向があるものと思います。

・セールスポイント

取り扱っているサービスや商品の強み、お客様から好評な点等を丁寧にアピールしていきましょう。

書籍の出版や雑誌やテレビ取材などで取り上げられたことがある場合には、その雑誌の切り抜きや、テレビ番組のスクリーンショットなども印刷して提出するとよいでしょう。

・販売ターゲット、販売戦略

顧客ターゲットとその見込み顧客にリーチしていく販売戦略を記載していきましょう。

・競合、市場など企業を取り巻く状況

業界全体としての状況や地域での競合はどうなのかを記載していきましょう。競合などとの差別化を図るための取り組みも説明するとよいでしょう。

・悩みや苦労している点、欲しいアドバイス等

融資を受ける目的に繋がる形で記載していきましょう。こうした悩みがあり、それを解決するために融資を受けたい、などなどです。

⑥ 取引先・取引関係等

販売先や仕入先、外注先などを、シェアが高い順に記載していきましょう。一般個人が顧客対象となっている場合には、一般個人と記載すれば大丈夫です。固定または顧問の取引先が複数あったり、長年取引している会社などがあり、売上が見込める場合にはアピールになります。

第6章

借り入れ後の疑問を解決!

1　もしも返済に困ったら？

返済を滞納した場合の流れ

①日本政策金融公庫からの取り立て

もし、日本政策金融公庫への返済が遅れた場合、日本政策金融公庫から督促の電話や督促状が届くようになります。

もし、支払いが数日遅れてしまっても、その後すぐに支払いができるのであればそれほど問題にはなりませんが、滞納が続くと取り立ても頻繁になっていきます。

ただ、日本政策金融公庫は政府系の金融機関であることから、厳しい取り立てではなく、その場しのぎの対応で放置してしまうという方も多いようです。

②保証人が代位弁済する

代位弁済とは、保証人が代わりに返済をすることを言います。日本政策金融公庫で融資を受ける際、保証協会や保証会社が保証人になっていたかと思います。

もし、借入をした人が返済不能になった場合には、保証人になっている人や会社が代わりに返済をすることになります。

そのため、代位弁済後は日本政策金融公庫に返済をする必要はなくなります。

その代わりに、返済をしてくれた保証人に返済をすることになります。

③保証人に返済をする

代位弁済がされた場合、「代位弁済履行通知書」という書類が届きます。これは、「保証人があなたに代わって返済をしましたよ」という通知書になります。

これが届くのは返済ができなくなってから数か月後になります（ケースによって異なる）。

代位弁済がされると、今度は保証人から返済の取り立てを受けることになります。

代位弁済がされた場合には、「期限の利益の喪失」といって、分割で返済する権利はなくなり、一括返済を求められることになります。

④返済できなければ強制執行

保証人への返済ができない場合には、裁判所を通じた厳しい取り立てをうけることになる可能性があります。

裁判になり、強制執行を受けることになれば、会社の資産を差し押さえられてしまいます。

結果的に会社は破産をし、さらには経営者も会社と一緒に自己破産をしなければならない可能性もあります。

返済不能になった場合の対処法

①まずは日本政策金融公庫に相談！

返済不能となる可能性が出てきた場合には、滞納する前に相談をすることをおすすめします。滞納前であれば、日本政策金融公庫の担当者は相談に乗ってくれるはずです。

できるだけ早く、日本政策金融公庫に直接相談にいくことで、返済期限の猶予や分割払い等、対応策を一緒に考えてくれる可能性があります。

もし、すでに滞納してしまっている場合にも、できるだけ早く相談に行き、真摯に支払いの意思があることを示していくことで、相談に応じてもらえる可能性はあります。

②ビジネスローンやファクタリングをする

返済が難しくなった場合には、資金繰りをして返済に充てることを考えます。

例えば、売上は上がっているけれど売掛金の入金予定が先で一時的に返済が厳しいというような場合には、ビジネスローンやファクタリング等で資金繰りをすることで、苦境を乗り切れる可能性があります。

ただし、これらは借入額を増やすことに他なりませんので、経営状況等をみて慎重に検討するようにしましょう。

③債務整理をする

どうしても返済の目途が立たないような場合には、破産や民事再生といった裁判所を通した手続きによって債務整理をすることになります。

2　リスケジュール

リスケジュールとは

返済に困ったらまずすべきことは、早めに日本政策金融公庫に相談することでした。

ここで、相談することは返済計画の見直し、つまりリスケジュールです。

リスケジュールとは、毎月の返済が厳しくなった場合に、金融機関（ここでいう日本政策金融公庫）に依頼をすることで、一定期間の元金の返済を据え置きしてもらうなどして、返済計画の見直しをすることです。

特に創業して間もない企業や、予測不能の災害のような外部要因に影響された企業など、さまざまな要因で返済が困難になる可能性があります。

実際、リスケジュールを行っても、それによってすべての企業が建て直しを成功させることはできません。むしろ、リスケジュールを行ったとしても結局倒産してしまう企業のほうが多いかと思います。

しかし、日本政策金融公庫としても、資金繰りが苦しい会社に無理に返済を求めるよりも、現在の財務状況や今後の返済計画を検討することで会社の建て直しを図り、資金繰りを改善したほうが、貸したお金が返ってくる可能性が残ります。

そのため、日本政策金融公庫としても、ちゃんと計画を立てて相談にきた企業に対しては、真摯に向き合ってくれることが多いです。

リスケジュールのメリット

「資金繰りが安定することで、経営改善に集中することができる」というのがリスケジュールのメリットといえます。

リスケジュールをするメリットというよりもそもそもの目的ではありますが、リスケジュールをすると資金繰りが安定します。

例えば、リスケジュールを行うことで、月々１００万円ずつ支払っていた返済金が50万円まで下げてもらえたとします。そうすることで月に差額50万円の余裕ができ、資金繰りが改善されます。

また、これにより経営者は経営改善に集中できますし、上記の差額も年間では６００万円になりますので、これを経営改善の施策に充てることもできます。

借入をしている経営者の中には、ぎりぎりになるまで自力でどうにかしようとして、どうしようもならなくなってから相談に行かれる方もいらっしゃいますが、早め早めに相談をしてリスケジュールの可能性を探ることで、経営改善ができる可能性があります。

リスケジュールのデメリット

①新規融資が受けられない

そもそも、新規融資を受けられない状態であるからリスケジュールをする、もしくは資金繰りが正常でないからリスケジュールをする、というスタート地点ですので、リスケジュールの出口までたどり着き、実績を積むまでは新規の融資を受けることは難しいでしょう。

②債務者格付けの低下

金融機関は、融資先企業に対して独自の査定で10〜20段階程度で格付けを行っています。この格付によって取引内容が変わるわけですが、当然、格付けが上にあれば融資を受けやすく、低ければ新規融資を受けにくくなります。

格付けでは、要注意融資先に入ってしまうと、今後、融資の申請が通りにくくなります。

格付けは、業績や財務状況、借入金の返済状況によって分けられます。これらに問題がなければ債務者の区分としても「正常先」として取り扱われますが、リスケジュールを行っている企業は「要管理先」として区分されます。

これにより、将来の新規融資獲得に影響がでる可能性があります。

③返済期間が延びる

これは当たり前と言えば当たり前ですが、リスケジュールは元金の返済を止めたり、返済額を低くして資金繰りを楽にする方法ですので、返済スピードが落ちればその分完済までにかかる期間は延びてしまいます。

当面の資金繰りが助けられる一方で、完済までの長い道のりにストレスを感じる経営者の方もいるかもしれません。

④社内外への信用低下の恐れ

最後に挙げられるデメリットとして、社内外にリスケジュールをしているという情報が漏れた場合の信用低下が挙げられます。

気をつける点としては行員からの情報漏えいではなく、会社内部での情報漏えいです。

会社の資金繰りが危険な状態にあるということを知ることで、対外的には取引先が取引をやめることが考えられますし、対内的にも社員が倒産の不安を感じ、他企業へ流出してしまう可能性があります。

リスケは極秘に進めましょう。

リスケジュールを検討するタイミング

当然、折返し融資を断られたというように、目の前の資金繰りが危ういということであれば有無を言わさずリスケジュールの交渉に走ることとなります。

しかし、そうでなくても３か月以内に資金不足が考えられる場合には、リスケジュールの交渉を行いましょう。

常に資金繰りが厳しい状態ですと、新たに融資を受けることは現実的ではありませんので、返済額を減らすことで資金繰りを改善することに注力すべきです。

また、リスケジュールがされるまでには１～２か月を要することも念頭に入れておきましょう。

しかし、リスケジュールは単なる美味しい話ではありません。メリットがあればデメリットもあります。

合理的な経営改善計画書を用意する

リスケジュールをお願いする際には、必ず「資金繰り表」や「経営改善計画書」といった書類を作成します。

これによって「短期的には資金が足りなくなるが、一時的にリスケジュールをしてもらえれば、中長期的には返済が可能である」ことを説明することになります。

また、改善計画の中で、なぜそのような売上増加が見込めるのか、といったことやコストカットの根拠を答えられるようにしておくことで、担当者とも計画的かつ合理的な返済計画に変更することができます。

この経営改善計画というのは単にリスケジュール交渉用資料ではなく、企業の改善の道標となるものです。これを適当に作成する上に、交渉もうまく行かずリスケをしても返済が厳しいとなっては意味がありません。

リスケジュールを検討する際には、その他の手段がないのか、リスケジュールをすることの効果はどれほどか、最後まで返済は可能か等、十分に検討し、経営改善計画書の作り込みをしていくことが必須です。

リスケジュールは一時的な猶予を貰うだけ、という姿勢で

リスケジュールをすると、企業側としては資金繰りが楽になるためメリットがあることは言うまでもありません。

ですが、日本政策金融公庫としては、当然計画通りに返してもらう前提で融資を行っています。ですから、リスケジュールに応じることは、あくまで例外的な対応といえます。

これらのことから、リスケ交渉で重要になるのは「返済が苦しいから助けてください」というス

タンスではなく、「一時的に猶予を貰えれば経営改善の見込め、将来的には残債の返済も再開することができる」ということを自ら証明する姿勢で臨まなければいけません。

この交渉姿勢で、説得力のある計画書を用意することが、返済期間などの条件緩和の交渉を計画・希望にそったリスケジュールに最大限近づける方法です。

3　一括返済はできるのか

国民生活事業から融資を受けている場合は一括返済できる可能性あり

日本政策金融公庫から融資を受けた後、事業が順調で利息を多く払うのももったいないし、一括返済をしてしまいたいと思う方もでてくると思います。

結論としては、日本政策金融公庫の中小企業事業から融資を受けている場合には一括返済はできませんが、国民生活事業から融資を受けている場合には、融資担当者と相談のうえで一括返済することが可能です。

ただ、やはり一括返済をすることは、融資を決定した日本政策金融公庫側からすると利益が減りますのでよい印象は持たれません。

違約金等のペナルティーはないことが多いようですが、再度融資を受ける際には、一括返済をした事業者という形で審査を受けることになりますので、まったく同じ条件で一括返済をしていない事業者に比べると不利に扱われる可能性はあるでしょう。

審査は人間がしていますので、印象のよし悪しは影響を及ぼす可能性が高いです。

今後も経営を続けていくのであれば、日本政策金融公庫に限らず、金融機関からの印象を悪くするのは得策ではありませんので、多少の利息は今後のための投資だと思って当初の計画通りに返済していくことをおすすめします。

一括返済の手順

日本政策金融公庫の国民生活事業から融資受けている場合で、一括返済をしたいと考えた場合には、融資担当者に電話で相談しましょう。

日本政策金融公庫側が承諾すれば、一括返済する日にちを決めて、その日にちに振り込みで一括返済をすることになる場合が多いようです。

ただ、融資担当者に一括返済を相談した際に、一括返済はできればやめてほしい旨をいわれます。もし一括返済をどうしてもしたい場合でしたら、その理由を丁寧に説明して理解をしてもらうようにしましょう。

4　借り換えはできる？

日本政策金融公庫への借り換えはできない

経営者の方の中には、資金繰りに困っていて、他の金融機関で融資を受けているものの、支払い期限を延ばしたり、金利を安くしたりするために、何とか日本政策金融公庫で借り換えをできないかとお困りの方もいらっしゃると思います。ですが、日本政策金融公庫で借り換えはできません。日本政策金融公庫は日本国のお金で運営をされておりますので、民間企業の経営を圧迫するのはタブーとされているからです（特例として公庫融資借換特例制度という制度があります）。

追加融資や新規融資を検討しよう！

日本政策金融公庫で借り換えはできませんので、すでに日本政策金融公庫から借り入れがある場合には、「追加融資」を検討し、借り入れがないなら「新規融資」を検討してみましょう。

ただし、日本政策金融公庫から追加の融資や新規の融資を仮に受けられたとしても、その借りたお金を別の金融機関への返済に充てることは絶対にやめてください。発覚した場合には一括返済を求められてしまう可能性もあります。

5　追加融資を受けたいとき

追加融資とは

そもそも追加融資とは、同じ事業に対しての2度目以降の融資を指しています。追加融資の場合はこれまでに融資をした実績があり、事業内容や経営状況等について金融機関側も既に把握しているため、経営状況等に問題がなければ比較的早く融資が実行されます。

とはいっても、日本政策金融公庫から追加融資を受ける場合の手続は新規融資のプロセスと大きく変わりありませんので、まず日本政策金融公庫に電話をして追加融資希望の旨を伝え、案内を待つのがよいでしょう。

追加融資の審査は実績が大切

追加融資であっても新規融資であっても、基本的なプロセスや審査ポイントに大きな違いはありません。ただ、追加融資の場合には、これまでの返済状況や会社の経営や財務状況が審査の重要なポイントとなります。そのため、会社の決算書やお金の出入りを示す通帳のコピー、税金の領収書等の提出が求められることが多いです。

第 7 章

よくある質問

Q1　バーチャルオフィスでも創業融資を受けられる？

A　バーチャルオフィスであっても創業融資を受けることは可能です。

「本店所在地がバーチャルオフィスである」というだけで創業融資を断られることはありません。

創業融資を受けたいと思ったときは、さまざまな提出資料や創業計画書、面談等の審査過程を経て、金融機関に「この人は貸したお金をきちんと返してくれる人だ」と認めてもらわなければなりません。

そのため、たとえ事務所がバーチャルオフィスであったとしても、きちんと業務を行う場所自体は確保できていることや、創業計画に支障がないことを説得性のある資料を提出して説明することができれば、創業融資を受けることができます。

Q2　代表が1株も持っていなくても創業融資を受けられる？

A　難しいです。

創業融資の場合は特に代表が100%出資するというのが理想です。

そもそも、会社代表が1株も持っていない状態での融資というのは、通常想定されているパターンではありません。

日本政策金融公庫の創業融資の提出資料をご覧いただくとわかるように、会社代表の通帳を出して、どのように自己資金を形成したかといったところを確認するため、会社の資本金も会社代表が出しているものとして想定されています。

日本政策金融公庫が重要視しているのは、自己資金と経験・能力です。

このうち自己資金の有無を見られる理由としては、返済能力の確認と、その人の計画性、事業への本気度を見ることにあります。

ここに問題があると、本当にこの人が責任を持って経営活動を行うのかという疑念が生まれますし、たとえ能力を評価して融資実行の判断をしたとしても、代表が出資者でなければ（50％以上の議決権をもっていなければ）、業績悪化によっては解任されてしまう可能性もあり、そういった点でも、積極的な創業融資を受けるのは難しいと考えられます。

どうしても代表が株を所有しないで融資を受けたいというのであれば、代表者がまとまったお金を持っていて、かつ株を所有しない理由を合理的に説明することが必須です。

Ｑ３　学生起業でも融資を受けられる？

Ａ　学生起業でも創業融資を受けることは可能です。ただし、一般の都市銀行や地方銀行といった民間の金融機関からの融資の場合、実際問題としてハードルが高いのが実情です。

そのため、現実的に金融機関からの融資を考えるのであれば、民間の金融機関からの融資ではなく、日本政策金融公庫の様な政府系金融機関の創業融資か、各自治体の制度融資のどちらかになると思います。

ただし、日本政策金融公庫の新創業融資にしろ、各自治体の制度融資にしろ、融資を申し込めば誰でも融資が受けられるというものではありません。当然に融資を受けられない場合もあります。学生起業の場合は、一般の社会人の方の起業と比べて、実務経験がない場合がほとんどなく、融資審査は社会人の方と比べても厳しくはなりますので、より一層入念に創業計画書を用意し、アルバイトしての経験や少しでも自分の強みになるような事があればアピールしていくようにしましょう。

日本政策金融公庫に融資を申し込む場合にも学生というだけでハンデがあると思って準備を進めていくことをおすすめします。

Q4 外国人でも融資を受けられる?

A 外国人であっても、日本政策金融公庫から融資を受けることは可能です。ただし、外国人ならではの制約もあります。それは、在留資格の種類と在留期間の長さです。外国人の場合、在留資格(ビザ)の種類によって、経営者になれる方となれない方がいます。そして当然、経営者になれない在留資格の方が代表の会社が融資を受けることはできません。

また、一般的に外国人に融資をする場合には、在留期間内に返済することが条件になります。そのため、在留期間が１年しかないような方の場合には実際に融資をうけるのは難しいケースが多いです。

Ｑ５　据置期間とは

Ａ　据置（すえおき）期間とは、元金返済を猶予された期間のことを言います。
融資とは簡単に言えば借金です。ですから、融資を受けた場合には指定された返済日に元金と利息を合わせて支払わなければなりません。

しかし、開業したばかりで融資を受けた場合には、すぐに利益を上げるのが難しい場合もありますよね。

そういった事情がある方のために、元金返済を猶予し、利息だけを支払えばよいという期間を設けることができます。

この期間を「据置期間」と呼びます。

据置期間を設ける場合にもメリット・デメリットがありますので、そのあたりを十分に検討するようにしましょう。

Q6　つなぎ融資ってなに？

つなぎ融資とは、ブリッジローンとも言われ、一時的に受ける融資のことを言います。

事業者がつなぎ融資を利用する場面としては、補助金を受ける時等です。補助金は原則後払いです。つまり、補助金を使って設備投資をするとき、国から補助金がもらえるのは実際に設備を買った後になるのです。そのため、一時的に融資を受けて設備購入に充て、補助金が交付されたら返済するというつなぎ融資を利用するという方法をとることがあります。

補助金でつなぎ融資を利用したい場合は、事前に金融機関の了承を取っておく必要があります。

Q7　法人成りで創業融資は利用できる？

A　法人成りとは、既に個人事業として事業を行っている方が、法人を設立して事業形態を個人から法人へと変更することを言います。新しい会社を設立はするものの、事業の内容は個人のときのものを引き継いで行っていきます。日本政策金融公庫の創業融資には、事業開始後税務申告を2期終えていない方という条件があり、日本政策金融公庫としては事業経歴も受け継いだと判断しますので、法人なりの場合は創業融資を受けることができません。

おわりに

いかがでしたでしょうか。まずは最初のステップとして日本政策金融公庫に融資を申し込むイメージをつかんでいただけましたでしょうか。

実際に融資を申し込むとなれば、それぞれの事業の内容や状況に合わせた融資の制度や、それを申し込むための具体的なプロセスについてもっと知りたいことは沢山出てくると思います。ですが、融資というもののイメージと、そしてそれを申し込むための基本的な知識や心構えをお伝えできたのではないかと思っています。

融資は借金ですから、あまりよくないイメージを持たれがちです。ですが、実際に融資を申し込む人たちは前を向いています。新しく事業を始めようとする人、事業を拡大しようとする人、事業を通して夢を実現しようとしている人、そんな方々を応援するのが融資です。

本書の情報が夢を実現しようとする事業者の皆様の助力となり、皆様の事業が発展していくことを心から願っております。

さむらい行政書士法人

２０２１年２月

著者略歴

さむらい行政書士法人（さむらいぎょうせいしょしほうじん）

2009年5月、代表・小島健太郎により個人事務所として開業。2012年7月に法人化、現在の「さむらい行政書士法人」となる。日本の企業の中で99％以上を占めている中小企業は我が国の経済を支えている一方で、自己資本や実績が不十分なことから資金繰りに苦戦している企業も多い。そうした状況にもかかわらず、融資に強い専門家は少なく、経営者が相談できる環境が十分でない。そのような中、当事務所では「これまでに培ったノウハウを生かして日本政策金融公庫をはじめとした融資サポートを通して中小企業者を応援したい！」そんな思いで融資サポートをしている。

〔執筆者〕小島 健太郎、河原木 惇、正田 聡、山本 剛士、渡邉 直斗、原田 未央

中小企業・個人事業者の創業・事業資金調達！
日本政策金融公庫の融資活用ガイド

2021年3月2日 初版発行　　2022年9月29日 第2刷発行

著　者　さむらい行政書士法人

発行人　森　忠順

発行所　株式会社 セルバ出版
〒113-0034
東京都文京区湯島1丁目12番6号 高関ビル5B
☎ 03（5812）1178　FAX 03（5812）1188
https://seluba.co.jp/

発　売　株式会社 三省堂書店／創英社
〒101-0051
東京都千代田区神田神保町1丁目1番地
☎ 03（3291）2295　FAX 03（3292）7687

印刷・製本　株式会社 丸井工文社

Printed in JAPAN
ISBN978-4-86367-640-4